ことばの古代探訪

アイヌ語と秋田弁から

金子俊隆

無明舎出版

ことばの古代探訪◉目次

本書の出版にあたり、山田伸子様には、本書の貴重さを、重ね重ね熱く述べられ、お導きいただくと共に、甚大なるご支援をいただきました。心より感謝申しあげます。

ことばの古代探訪

——アイヌ語と秋田弁から

はじめに

「桧木内という地名にあるナイは、アイヌ語だ」という父の話を聞いた時から、私のアイヌ語研究が始まりました。

「ナイ」という音は「川・沢」という意味を持ちます。それによると、桧木内は「桧木の川」となるようですが、言葉として妙であり、私は、それでは納得できませんでした。

もしかしたら、桧木が生える山間を流れ下る川なのかとも思いましたが、実際、最上流域から下流域まで観察しても、桧木やヒバ（アスナロ）の林は確認できませんでした。

そこで、ナイがアイヌ語ならば、ヒノキという音もアイヌ語かも知れないと思い、調べてみました。

すると、次のような音の並びが現れました。

hi（頃〈ある期間・時節〉・様子）-nupki（濁る）-nay（川）＝（ヒヌプキナイ『頃、濁る川』）

「〈普段は清流だが〉雨が降るとすぐ濁る川」

ちなみに、樹木の桧木は、次のような意味を持ちます。

hi（頃・様子）-nu（においがする）-ki（立った）-i（もの）＝（ヒヌキイ『頃、においがする立った物』）

「〈製材すると〉香る木」

ヒノキのお風呂が珍重されるのは、ヒノキの持つ香りの良さからです。

このことがきっかけとなり、アイヌ語を構成する音（言葉の材料）を、私たちの言葉を構成する音に重ねていく研究を始めてから、およそ三〇年余りが過ぎました。

その中で、徐々に確信を持てるようになったことは、この研究は、最終的に、古代日本語の音を、明らかにする研究でもある。という事でした。

研究の過程で分かったことは、次のとおりです。

①アイヌ語の中には、私たちの言葉や秋田の方言と同じものがある
②アイヌ語は、漢字が輸入される以前の、古い日本語の音で構成されている
③古い地名や言葉の成り立ちは、アイヌ語を構成する音で説明できる

私達の言葉とアイヌ語

そもそも、私達の遠い祖先は、文字を持ちませんでした。

そのため、五世紀頃、当時の朝廷は、大陸にあった漢字を、文字として使用することにしました。

漢字は、国政の中で、色々な記録に役立てられ、地名の記録にも用いられました。

ただ、万葉集に書き込まれた文字は、漢字の音だけ利用し、その意味は無視したことから万葉仮名（表音文字）と呼ばれたように、地名の場合も、用いられた漢字の持つ意味は考えず、音だけを表記する表音文字として記録されました。

そのため、古代からある地名の意味は、使用された漢字の持つ意味では、解き明かせません。

解き明かすためには、文字がなかった頃に戻る必要があります。

そこで役に立ったのは、文字を持たないまま一昔前まで生きてきた、アイヌと呼ばれる人々の言葉でした。

現代に至り、アイヌの方々や研究者によりアイヌ語の研究が進むことで、それを構成する音一つ一つがもつ意味は、地名だけでなく、色々な言葉の意味をも解き明かす、貴重な資料になりました。

萱野茂氏のアイヌ語辞典を見ると、アイヌ語は、古代の日本語の音を多く残していることが分かります。また、アイヌ語を構成する一つ一つの音が持つ意味は、調べた中では、全く我々の使用している音と重なります。

アイヌ語が、古い日本語の音でできていることを示す特徴は、次のとおりです。

①パピプペポ等の唇音が多く使用され、バビブベボ等の濁音はない。

※音の変化　パ ⇓ ファ ⇓ ハ

②無声音が多く使われている

k〈カッ〉・t〈ド〉・s〈シ〉・f〈フ〉等

③語尾の無声音が残っている

k〈ク〉・m〈ム〉・r〈ラ・ル〉・p〈プ〉等

ただ、以上の様な特徴を持つ言葉がある中、アイヌ語と私達の言葉の発音が、全く同じものもあります。その例を紹介します。

・垣（かき）・軒（のき）・板（いた）・笠（かさ）・酒（さけ）・薬（くすり）・鮫（さめ）・堰（せき）・とっくり・谷地（やち）・粉（こ）・庭（にわ）・値（あたい）・綾（あや）・豆（まめ）・湯（ゆ）・飯（めし）・のこ・木っ端（こっぱ）・金（かね）・岩（いわ）・浜（はま）・役（やく）・キッチ〈えさ入れ〉・キミ・鰯（いわし）・鞘（さや）・元（もと）・舅（しゅうと）・色（いろ）・〈舵を〉きる・祝い・いらっ！・おや？・とっとと・あらら・飢え・「一杯いくか」のイク（酒を飲む）・〜れ（〈使役〉させる・られる）・〜て（させる）・ケリ（靴〈秋田弁〉）

さらに、アイヌの人々が、私達より古い音で話す言葉の例を紹介します。カタカナの方が、アイヌの人々の発声です。

・あっち＝アッチェ　・こっち＝コッチャ　・手＝テク　・言う＝イェ　・諍い（いさかい）＝イエサカヨ　・さらば＝サランパ　・うわっ＝ウワ　・遺恨＝イコンヌ　・祈りの＝イノンノ　・いかん＝イカ　・ぼうや＝ポアヤイ　・しっしっ〈動物を追う言葉〉＝シシ　・ねえ＝ネヤ　・ふり＝ぷり（しぐさ）　・加勢＝カスイ　・いない＝イネ　・くっつく＝コドク　・神＝カムイ　・印＝シロシ　・野＝ヌプ　・葉＝ハㇺ　・へら＝ペラ　・庇＝ヘサシ　・蓋＝プタ　・塩＝シッポ　・昆布＝コンㇷ゚　・薊（あざみ）＝アンチャミ　・芋＝エモ　・漆＝ウッシ　・俵＝タラ　・ホッケ＝ポッケ　・筋＝スンチ　・計り＝パカリ　・宿＝ヤント　・箕＝ムイ　・骨＝ポネ　・鏡＝カンカミ　・セセリ（喉周りの肉〈焼き鳥用語〉）＝セクセウリ　・裸足＝ハンタシ　・紙＝カンピ　・氷＝コンル　・槌（つち）＝ドチ　とおし（大型のふるい）＝トシ　・マギリ（小刀〈秋田弁〉）＝マキリ

ここに出て来るアイヌの言葉「アッチェ・コッチャ・イネ・ウワ・ケリ・マキリ等」は、秋田の方言でもあります。

このことから、方言は、なまっているということではなく、日本語の古い音の言葉だと、言い換えることができます。

この例だけでも、アイヌ語を構成する音は、私達の言葉を構成する音でもあることが、おわかり頂けると思います。

ただ、私達とアイヌの言葉には、構造的な違いがあります。それは、次のように説明できます。

○私たちの言葉
元々あった音＋漢字の音＋外国語の音

○アイヌの言葉
元々あった音（日本列島に最初からあった音〈漢字が輸入される以前の古い日本語〉）

アイヌの人々は、書き言葉（漢字）を持ちませんでした。そのため、漢字の音読みでできた言葉はありません。

アイヌの人々は、文字を持たず漢字の影響を受けなかっただけでなく、稲作にまつわる文化など、外部の文化の影響を、ほとんどとうけることなく生きてきました。

信仰は、遙か昔から、山神様との対話を継続しています。それ以外の信仰はありませんでした。

実は、マタギも山言葉（古いアイヌ語にあたる言葉）を、山神様と対話するため使用していました。おそらく、話し言葉を変えると、神様との会話ができなくなるという思いがあったのでしょう。


以上のことから、アイヌ語に残る音とその意味を、地名や方言及び日常使用されている言葉の音に重ねると、その言葉が生まれた当時の意味が見えてきます。

それでは、そのことを示す具体的な例を、取り上げましょう。

最初は、アイヌの人々と私達が、同じ音で意味も同じ言葉を共有している例です。

ここからは、アイヌ語を構成する音は、アルファベット（表音文字）で表記します。


アイヌ語（kiru＝動かす〈状態・状況を変えること〉・回す・転がす・向きを変える）の入った言葉の例

○舵（かじ）を切る
kar（〈方向を〉直す）-ci（それ・そこ〈へ〉・自ら）-ru-（ある）-o（それ・それで）-kiru（向きを変える）＝（カラチヲキル『直すそれ、あるそれで、向きを変える』）
「舵で進路を変える」〈舵＝向きを修正する物〉
これと同じ意味のことを、アイヌ語では、次のように言います。

○アイヌ語（チプ サパ キル）

cip（船）-sapa（頭）-kiru（向きを変える）＝（チプサパキル『船の頭、向きを変える』）

「船首の向きを変える」

私達は「舵で向きを変える」と、表現しているのに対して、アイヌの人々は「船首の向きを変える」と、表現しています。ただ、向きを変えるという部分にkiruという共通の音を使用しています。

このkiruという音の入っている言葉は、他にもあります。一例を紹介します。

○きりきり舞い

kiru（回す）-hi（して）-kiru（回す）-hi（して）-maw（空気・風）-hi（のよう）＝（キルヒキルヒマウヒ『回して回して、風のよう』）

「つむじ風のようにくるくる回っている様〈相手の速い動きについて行けず、うろたえること〉」

○切り取る

kiru（動かす〈状態や位置を変える〉）-hi（して）-ta（取る）-o（入れる・置く）-ruwe（こと）＝（キルヒタオルウエ『動かして取りいれること』）

「状態を変えて〈カットして〉取りいれること」

このkiruという音は「魚や野菜を切る」という言葉の中にもあって、魚や野菜の現状を変える〈解体する・細かくする〉という意味で使用されています。

○錐（きり）

kiru（回す）-y（もの）＝（キルイ『回すもの』）

「回して使用する道具」

アイヌ語（siramu＝シラム〈本当に考える・真剣に考える〉）の入った言葉

○知らんふり＝知らんプリ

si（本当に）-ramu（思う・考える）-puri（しぐさ）＝（シラムプリ『本当に考えるしぐさ』）

「真剣に考えるしぐさをする」

○アイヌ語（シラムイサムテ＝知らんふりをする）

si（本当に）-ramu（思う・考える）-isam（ない・なくなる）-te（させる）＝（シラムイサムテ『本当に考えなくならせる』）

「真剣に考えないようにする」

○秋田弁（シラネフリ）

si（本当に）-ramu（思う・考える）-ne（そういう・様な）

-puri（しぐさ）＝（シラムネプリ『本当に考える様なしぐさ』）
「真剣に考えているようなしぐさをする」

ここで思ったことは、よく、何か質問されて思いつかない場合「知らん」とか「知らない」と、答えたりしますが、その時の思いは（思いつかない）となり、シラム（考える＝思いつかない）と、答えるようになったのではないかということです。

その理由は「考える」という場面は、まだ、分かっていない状態を示すからです。

ちなみに「知らない」「シラネ〈秋田弁〉」は、次のような音の並びかも知れません。

si（本当に）-ramu（思う・考える）-ne（そういう・様な）-i＝（私）＝（シラムネイ『本当に考える、そういう私』）
「真剣に考える私＝思い当たらない私」

音の変化は「知らない」の方は（シラムネイ⇓シランネイ⇓シラナイ）と変化し「シラネ」の方は（シラムネイ⇓シランネ⇓シラネ）と、変化したのではないでしょうか。

以上のことから「分からない」は、次のようになるのかも知れません。

uwa（知らないよ・分からないよ）-kat（姿・様子）-ramu（思う・考える）-ne（そういう・様な）-i＝（私）＝（ウワカッラムネイ『わからないよ、様子、考える、そういう私』）
「分からないよと、考え込む私」

秋田弁では「ワガラネ」とか「ワガンネ」とかと言います。

アイヌ語（e＝エ）の入った言葉の例

エ『はい・承知しました・引き受けました・どういたしまして』

○秋田弁「エヤ⇓エヨ」

e（承知しました）-ya（〈だ〉よ）＝（エヤ『承知しましたよ』）

エ・エヨ＝「はい、わかりました」というような言い方をします。

○標準語「ええ（そうです）」

e（はい）-e（承知しました）＝（はい、承知しました・はい、そうです）

このeは他に、アイヌ語で（あんた・お前・君〈人を呼ぶときの言葉〉）という意味でも使われます。沖縄の人々も、相手に呼びかけるとき「エ」「エー」というように使うそうです。

私達の使用する言葉でｅの入った言葉には、次のようなものがあります。
○お前（おまえ）
oma（そこにある・そこにいる）-e（あんた・君）＝（オマエ『そこにいるあんた』）

「そこのあんた」

もしかしたら、驚きの声「エーッ！」には「あんたったら！」という意味があるのかも知れません。

また、話し始めようとする場合によく使う「エーッ、それでは……」の「エーッ」は「皆さん〈話をしますよ〉」という意味の合図かも知れませんね。

このように、日常使われている話し言葉の中には、アイヌの人々と同じ音が、同じ意味で至る所で使用されています。

ただ、人それぞれというように、同じ対象であっても、感じ方が違うことから、それを表現するために使用される音が違う場合はあります。

そのため、使用された言葉が違うからといって「アイヌ語は、外国語だ」と、簡単に言い切ってしまうことはできません。

例えば、ここに秋田・熊本・沖縄の人がいたとします。それぞれがお国言葉で話すと、聞いてる人は、だれも理解できないことになります。

それでも、秋田の人も熊本の人も沖縄の人も、間違いなく日本人として、同じ意味を持つ同じ音を共有しています。

では、なぜお互いに言ってることを理解できないのかと言いますと、一つには、感性（イメージ）の違いがあります。それによって、表現に使用される音の並びは変わってきます。

また、同じ意味を持つ言葉は複数あることから、同じ思いでも、どの言葉を選ぶかで、呼び方が違ってきます。

さらに、方言は、イントネーション（発声の抑揚）に違いがあるだけでなく、無声音などが残る日本語の古い音でできていることから、現代音と比べて聞き取りにくいというようなこともあるでしょう。

ここで例としてあげた秋田の人、熊本の人、沖縄の人の関係は、アイヌと私達の関係と同じではないかと、思っています。

感性の違いによる呼び名や言い方の違い（魚類を例として）

それでは、同じ対象でも、感性の違いで呼び名や言い方が異なる例として、ここでは、魚の名称を紹介します。同じ魚でも、地域によって呼び方が異なるものがあります。

鰤（ぶり〈出世魚〉）の呼び名

大阪方面と東京方面では、ブリに至る成長過程で、同じ成長期にあたる様子を表す音が違っています。

最初に、ブリという名称は、次のような音の並びです。

pus（跳ね出る）-rik（上・上の方へ・高い所）＝（プㇱリク『跳ね出る、上の方へ』）

「〈獲物を追って〉海面に跳ね出る魚」

ブリは、イワシなどの小魚の群れを、水面近くまで追い集め、集団で下から突き上げるようにして捕食します。その時、複数のブリが海面に飛び出し、水しぶきを上げることから、そう呼ばれるようになったようです。

この魚は、大阪方面と東京方面では、成長につれての呼び名が違います。ところが、その意味を調べてみますと、どちらも同じような状況を表していることが分かります。

ブリは、大阪方面では、成長につれて（ツバス⇓ハマチ⇓メジロ⇓ブリ）と、呼び名が変わります。その意味は、次の通りです。

○ツバス

tuk（見える）-pa（上の方）-sus（泳ぐ）＝（ドクパスㇱ『見える、上の方、泳ぐ』）

「海面近くを泳ぐ姿が見える魚」

○ハマチ

pa（大勢でする）-ma（泳ぐ）-ci（群在する・固まってある）＝（パマチ『大勢で泳ぐ、固まってある』）

「群れて泳ぐ魚」

○メジロ

mu（塞がる）-e（させる・する）-sir（辺り）-or（の所・の中）＝（ムエシロッ『塞がらせる辺りの中』）
「見えなくなる深さにいる魚」
これに対して東京方面では（ワカシ ⇓ イナダ ⇓ ワラサ ⇓ ブリ）と、変わります。

○ワカシ
u-（互いに・お互い・みんな）-an（居る）-kasi（上・表面）＝（ウワンカシ『みんな居る表面』）
「水面近くに集まっている魚」

○イナダ
iru（一続きである・連なる）-na（それ）-tak（固まり）＝（イルナタㇰ『連なるそれ、固まり』）
「群れて泳ぐ魚」

○ワラサ
u-（互いに・お互い・みんな）-an（居る）-raw（底）-sam（の方へ・側〈に〉）＝（ウワンラウサㇺ『みんな居る、底の方へ』）
「底の方に集まっている魚」

各成長段階にあるブリの特徴を、大阪方面の人々も東京方面の人々も、同じように感じていながら、それを表現する音が異なっています。

笠子（かさご〈フサカサゴ科：海魚〉）

---

kat（姿）-sara（〈見えなかった物が〉現れる）-kor（持つ・生む）＝（カッサラコㇿ『姿で現れ、生む』）
「〈卵でなく〉魚形で生まれる魚」
※卵胎生＝ある程度の発達を遂げた後、生まれることを言います。

○ソイ（かさご）
so（海岸の見え隠れする岩）-u-（ある）-hi（所）＝（ソウヒ『海岸の見え隠れする岩ある所』）
「磯に根付く魚」
北日本に棲息するフサカサゴ科の総称です。秋田では、ソイといいます。
根魚（ねうお）は、常に岩礁の間または海藻の茂る所に棲息し、その場所から遠く移動しない魚のことを言います。

コノシロ（海魚）

---

kot（くっつく・くっついている）-no（くらい・のように）-sir（図体・様子）-o（多い・群在する）＝（コノシロ『く

っつくくらい、図体多い』)
「くっつくくらいに体を寄せて集まり泳ぐ魚」
日本各地の沿岸に分布し、内湾にもいる魚です。全長約二五センチ程です。

○コハダ(コノシロ)
kot(くっつく・くっついている)-pa(大勢でやる)-tak(固まり)=(コパタㇰ『くっつく、大勢でやる固まり』)
「くっついて、大群で固まり泳ぐ魚」

○ツナシ(コノシロ)
tunas(速い)-y(もの)=(ツナシ『速い物』)
「俊敏に泳ぐ魚」

秋刀魚(サンマ:海魚)

say(群れ)-u-(お互い・互いに・みんな)-ma(泳ぐ)=(サイウマ『群れてお互い泳ぐ』)
「群れて泳ぐ魚」

○サイラ　播州(播磨)讃州(讃岐)の言葉
say(群れ)-rar(潜る)=(サイラㇻ『群れて潜る』)
「群れて水中を移動する魚」

鯊(ハゼ:海魚)

ha(潮が引く)-se(の状態を成す)-e(そこ・そこに)=(ハセエ『潮が引く状態を成すそこ』)
「潮が引く所〈干潟〉にいる」

○ムツゴロウ
mu(詰まる・塞がる)-tur(泥)-kur(姿)-o(入る・入っている)=(ムドㇽクロ『詰まる泥、姿入っている』)
「溜まっている泥の中に入っている」
ハゼ科のムツゴロウは、有明海・八代湾等、泥海にできる干潟に堆積する泥の中に住んでいます。
全長約二〇センチ。両眼は接近して頭上に特出し、胸びれで干潟を這って歩きます。

○グンジ(ハゼのこと〈能代の方言〉)
kut(〈湖や沼の〉出口)-un(住む・いる)-ci(それ・そこ〈へ〉・自ら)=(クッンチ『出口住むそれ』)
「米代川河口にできた、水溜まりの出口付近に住む魚」
地名である米代川や能代には、次のような意味があります。

○米代(よねしろ)川

i-o（満ちる）-ne（そういう・様な）-usi（場所）-or（終わりにある・尻にある）＝（イヨネウシオロ『満ちる、そういう場所尻にある』）

「魚が一杯になる所が、川尻にある」

○能代（のしろ）

nu（〈魚などが〉沢山居る）-usi（場所）-or（終わりにある・尻にある）＝（ヌウシオロ『沢山居る場所尻にある』）

「魚が沢山居る場所が、川尻にある」

米代川河口辺りは、河口に集まる小魚を求めて、大魚が押し寄せる事がある所です。

ワカサギ

u-（お互い・互いに・みんな）-ak（引く）-at（綱）-say（連〈ひとくくり〉）-ki（する〈その事柄が起こる・の状態にある〉）-y（もの）＝（ウワカッサイキイ『互いに引く綱で、ひとくくりにする物』）

「二手に分かれて、引き網の袖綱を引いて集め獲る魚」

○チカ（秋田弁）

ci（我ら）-ak（引く）-at（綱）＝（チアカッ『我ら引く綱』）

「複数の人達で、引き網の袖綱を引いて漁をする魚」

以前、八郎潟では、帆掛け船による引き網漁が行われていました。現在も、動力船で引き網漁が行われています。

ウグイ（淡水魚）

uk（とる・採取する）-hi（もの）＝（ウㇰヒ『採取する物』）

「いつも採る魚」

○ハヤ

pa（何回もする）-yas（〈魚を〉網ですくう）＝（パヤㇱ『何回もする、網ですくう』）

「いつも網に掛かる魚」

ハヤの中には、アブラハヤ、秋田弁でアブラッペと呼ばれるものがあります。その意味は、次のようになります。

◇アブラハヤ

a（強意）-fura（匂い・香り）-at（立つ）-pa（何度もする）-yas（〈魚を〉網ですくう）＝（アフラアッパヤㇱ『とても匂い立つ、何度も網ですくう』）

「とても匂いのする、いつも網に掛かる魚」

◇アブラッペ

a（強意）-fura（匂い・香り）-at（立つ）-pe（もの）＝（アフラアッペ『とても匂い立つもの』）

「とても匂いのする魚」

アブラという音は「とても匂いがする」という意味を持つようで、現代ある油類は、そういうものとして呼ばれるようになったようです。

○クキ（秋田弁）

ku＝（私〈が・は・の〉〈人称接辞〉）-uk（とる・採取する）-y（もの）＝（クウキイ『私が採取するもの』）

「いつも採る魚」

○シェアレ（ウグイという魚が河口や海に出て来たもの〈能代の方言〉）

si（本当に・最も）-e（食べる）-a＝（私・私達）-ri（皮をむく）-e（それ・それを）＝（シエアリエ『最も食べる、私達皮をむくそれ』）

「頻繁に皮をむいて食べる魚」

大きくなったことで皮が固いため、皮をむいて食べることからついた名称でしょう。

最も大きい物はマルタといいます。切り口が紡錘体でなく円いことからそう言われるようになったと思われます。

他に、産卵期に腹部が赤みを帯びることから「アカハラ」とも言います。

アイヌの人々は、ウグイのことをヌイラといいます。

nuy（炎）-ra（下・下の方・低い方）＝（ヌイラ『炎、下の方』）

「産卵期になると、体側の下の方が、炎のような色になる魚」

この呼び名は、私達が、アカハラと呼ぶようになったのと、理由は同じですね。

名称からすると、この魚は、繁殖力も強く常に数がそろうことから、古代の人々の命を、根本的に支えてきた魚だったのではないか。と推測されます。

以上、魚は、地域によって呼び名が変わる代表的なものです。その呼び名の意味は、人との関わりや生態に関係するものがほとんどです。

ここまで、魚を例に取って説明してきました。ただ、ここで取り上げた以外にも、名称の持つ意味が分かった魚類や水生生物があります。引き続き、ここで紹介しましょう。

◎淡水魚の名称

鯉（こい）

koy（うねり・波）＝（コイ『うねり』）

「水面にうねりを発生させる魚」

鯉は、よどみを好むことから「静かな水面にうねりを発生させる魚」として名付けられたと思われます。

鮒（ふな）※音の変化　プスナッ⇓フスナ⇓フナ

pusu（掘り起こす）-na（方向を示す）＝（プスナ『掘り起こす方』）

「川の底が掘り起こされた深みに集まっている魚」

フナは、蛇行した川の流れが、川底を掘り起こし深くなっている所に集まっています。

泥鰌・鰌（どじょう）※音の変化　トチウォ⇓トチョウ⇓ドジョウ

to（水の流れ）-o（に）-ci（やたらに多い）-wo（親指と人差し指を伸ばした長さ）＝（トオチウォ『水の流れにやたらに多い、親指と人差し指を伸ばした長さ』）

「水の流れにたくさん居る、親指と人差し指を伸ばした長さの魚」

鰻（うなぎ）

us（付いている）-na（それ）-ki（立った）-i（所）＝（ウㇱナキイ『付いている、それ立った所』）

「立った川底にへばりついて、遡る魚〈うなぎ登り〉」

ウナギの稚魚は、立ち上がった急な斜面でも、そこにある凸凹の隙間を利用して上っていきます。

◯アイヌ語では、タンネチェプと言います。

tanne（長い）-cep（魚）＝（タンネチェㇷ゚『長い魚』）

「中でも長い魚」

鯰（なまず）

nam（冷たい）-awn（入る・入り込む）-suy（〈水の〉穴）＝（ナマンスイ『冷たい、入り込む水の穴』）

「冷たい水が入り込む穴に居る魚」

川の流れにできた横穴には、川岸や川原の地下を流れる冷たい水が混じっています。ナマズは、そんなところに住んでいます。

鰍（かじか）※音の変化　カッチカパラ ⇓ カチカハ ⇓ カジカ

kat（姿・様子）-ci（それ）-kapar（薄い・平たい）＝（カッチカパラ『様子それ平たい』）
「平べったい魚」
カジカガエルは「平べったいカエル」という意味になるのでしょう。

岩魚（いわな）

iwa（岩）-na（方向を示す）＝（イワナ『岩の方』）
「岩のある方にいる魚」

アメマス（エゾイワナの降海型）

e（そこに）-an（ある・生まれる）-me（寒さ）-ma（泳ぐ）-si（ずっと〈続く〉）-u-（お互い・みんな）＝（エアンメマス『そこに生まれる寒さ、泳ぐ、ずっと続くみんな』）
「寒くなると群れて泳ぐ魚」

山女（やまめ）※音の変化　ヤマメナ ⇓ ヤマメア ⇓ ヤマメ

yam（冷たい・冷たくなる）-a（強意）-mena（上流の細い支流）＝（ヤマメナ『冷たい、本当に上流の細い支流』）
「冷たい、最上流の細い沢にいる魚」

サクラマス（銀毛ヤマメ・マス・ホンマス）

sak（夏）-ra（下る）-ma（泳ぐ）-si（ずっと〈続く〉）-u-（お互い・みんな）＝（サクラマス『夏下る、泳ぐずっと続くみんな』）
「生まれて一年半後の夏、群れて川を下り海に出る魚」

姫鱒（ひめます）

hi（様子）-mu（詰まる・塞がる）-e（そこ・そこで）-ma（泳ぐ）-si（ずっと〈続く〉）-u-（お互い・みんな）＝（ヒメマス『様子塞がる、そこで泳ぐずっと続くみんな』）
「閉じ込められた所で、群れをなして泳ぐ魚」

クニマス（田沢湖に居た鱒）

ku（私〈の・は・が〉）-un（住む）-i（所）-e（で・そこで）-ma（泳ぐ）-si（ずっと〈続く〉）-u-（お互い・みんな）＝（クニエマス『私が住む所で、泳ぐずっと続くみんな』）

「人里で群れをなして泳ぐ魚」

鮎・香魚・年魚（あゆ）

a（多い）-i（それ）-u-（お互い・互いに・みんな）＝（アイユ『多いそれ互いに』）

「群棲し、それぞれに泳ぐ魚」

アイともいうとのことです。

鵜（う）という鳥は、アユとりの名人です。その意味は、次の通りです。

u-（お互い・互いに・みんな）-uk（とる・採取する）＝（ウウㇰ『互いに採取する』）

「群棲し、それぞれ巧みに潜水して魚〈アユ〉を捕食する鳥」

鮭（さけ）

satke（乾かす・干す）-e（それ・それを）＝（サッケ『干す、それを』）

「干しておいて食べるもの」

○シャケ

si（最も）-ya（上がる）-kes（終わり・尻・末端・端っこ）＝（シヤケㇱ『最も上がる、末端』）

「最上流まで遡上する魚」

○ボタッコ（秋田弁）

po（わずかな）-tak（とる）-ko（～ない）〈-p（もの）〉＝（ポタッコ〈プ〉『わずかにとらない〈もの〉』）

「今後も採れるよう〈産卵させるために〉少しだけ残すもの」

鱮（たなご）

tana（凸・盛り上がっている）-kom（曲がっている）＝（タナコㇺ『盛り上がって曲がっている』）

「背びれの辺りが盛り上がって湾曲している魚」

川魚は、背はフラットな物が多く、タナゴのような形状は珍しい。

目高（めだか）

mu（詰まる・塞がる）-e（させる・する）-tak（固まり）-at（沢山居る）＝（ムエタカッ『詰まらせる、固まって沢山いる』）

「密集して、固まって沢山いる魚」

○目高見物（めだかけんぶつ）

江戸時代、舞台下手の奥にある最下等の席で、メダカのように固まって芝居を見ることや、その見物客のことを言いました。

◎海に住む魚や水生生物

鯵（あじ）

at（多い・沢山いる）-ci（固まってある・群在する）＝（アッチ『沢山いる 固まってある』）

「大きなかたまりになって回遊する魚」

鰯（いわし）

iwa（岩）-us（消える）＝（イワウㇱ『岩消える』）

「岩が見えなくなるほど押し寄せる魚」

大魚に追われパニックになった鰯が、浜に乗り上げることはよくあります。

鯖（さば）

sak（夏）-pa（見つける・手に入れる）＝（サㇰパ『夏手に入れる』）

「暖かくなるとやってきて採取する魚」

鯛（たい）

tay（川岸の緩やかな平地）-hi（～のよう）＝（タイヒ『川岸の緩やかな平地のよう』）

「緩やかな傾斜面をした魚」

鱸（すずき）

sus（泳ぐ・水に浸かる・水浴する）-u-（互いに・お互い・みんな）-kik（叩く・殴る）＝（ススキㇰ『水に浸かって、

みんなで叩く』）

「川に入って、みんなで水面を叩き、網に追い込む魚」

春から夏にかけて、海から川に入り込む魚です。

鰊（にしん）※音の変化　ニスム ⇒ ニスン ⇒ ニシン

ni（すする・熱い物を飲む・吸う）-sum（油脂〈動植物の油〉）＝（ニスム『すする油脂』）

「煮汁に油が溶け出して、それをすする魚」

○カド（鰊のこと）〈東北地方の言葉〉

kat（姿・様子）-tu（二つ）-u-（お互い・互いに）-o（入っている）＝（カッドウオ『様子、二つ互いに入っている』）

「白子やかずのこが、同じ形で二つ入っている様に見える魚」

三～四月頃、浅い所で回遊し産卵します。

○かずのこ

kat（姿・様子）-tu（二つ）-u-（お互い・互いに）-no（で）-okot（くっついている）-p（もの）＝（カッドウノオコプ『様子二つお互いで、くっついているもの』）

「同じ形で二つ入っていて、くっついている卵」

○ブリコ（鰰〈ハタハタ〉の卵）

puri（性質）-〈o〉kot（くっつく・くっついている）-p（もの）＝（プリコプ『性質くっつくもの』）

「海藻に、塊となってくっつく性質を持つ卵」

ホッケ（アイナメ科）〈漢字名は、魚偏に花と書く〉

pok（下・裏・の後・陰）-ke（の所・の物）＝（ポッケ『裏の所』）

「物陰に潜むもの」

アイヌ語では「ポッケ」と言います。

鮎魚女（あいなめ）

an-hi（いる所・住む所）-na（方向を表す・それ・の）-mu（塞がる・詰まる）-e（させる・する）＝（アンヒナムエ『いる所、それ塞がらせる』）

「岩礁や海藻の隙間に隠れている魚」

○アイヌ語（シリポッケ）

sir（様子・図体〈体〉）-pok（下・裏・後）-ke（の所・の物）＝（シリポッケ『図体、裏の所』）

「物陰に住む魚」

遍羅（べら）

pes（たどる・伝いに〈下る〉）-raw（底）＝（ペシラウ『たどる底』）

「海底を伝って泳ぎ回る魚」

潮が引いたとき、よく窪みに取り残されることのある魚です。

鱚（きす）

ki（光）-sut（根元・麓〈下の部分・裾〉）＝（キスッ『光、下の部分』）

「体の下半分が銀色に光る魚」

沿岸の砂底に住む魚です。川ギス（カマツカ・スナホリ・オコト）と呼ばれる魚は、砂底に身を潜め、時々砂を吐くとのことです。

鯒（こち）

kochi（窪み）＝（コチ〈ヒ〉『窪み』）

「砂底にくぼみを作ってそこにいる魚」

虎魚（おこぜ）〈オニオコゼ〉

okot（くっついている）-se（の状態を成す・状の）-e（そこに・それに）＝（オコッセエ『くっついている状態を成すそれに』）

「岩にへばりついてじっとしている魚〈擬態〉」

一風変わった虎魚の姿は、海藻や貝殻に覆われた岩の表面に、溶け込むための姿なのです。

ウツボ〈漢字名は魚片に單と書く〉

utur（〈の〉間）-pok（下・裏・〈の〉後）＝（ウドルポク『間の下』）

「岩礁の間の下にいる魚」

体表は、環境に溶け込む模様と色をしています。

細魚・針魚（さより）

sa（前）-hi（の）-o（端・末端）-ri（伸びている）＝（サヒイヨリ『前の末端伸びている』）

「頭の先の方が伸び出ている魚」

鯔（ぼら）

pot（どろっとした）-raw（底）＝（ポッラウ『どろどろした底』）

「河口の底がどろどろした所にいる魚」

目赤魚（めなだ）

mu（詰まる・塞がる）-e（させる・する）-na（方向を示す・それ）-ta（掘る）＝（メナタ『〈泥底に〉詰まっている、それ掘る』）

「河口の底に堆積している泥を掘って餌（ゴカイ等）をあさる魚」

姿は、鯔と似ていますが、目が赤く、口辺は紅色です。鯔と同様、どちらも卵巣は、カラスミにします。

河豚（ふぐ：古名＝ふく）

fup（腫らす）-kur（姿）＝（フㇷ゚クㇽ『腫らした姿』）

「〈お腹を〉腫らした姿の魚」

◇音の変化　フㇷ゚クㇽ⇓フク⇓フグ

釣り上げられると、お腹を膨らましたままになる魚という意味です。

○アイヌ語では（イルㇱカチェㇷ゚）とか（プープー）とかと言います。

◇iruska（怒る）-cep（魚）＝（怒っている魚）

◇pu-pu＝（プープー『フグ類』）

「fup-fup」から「pu-pu」へと変化したものか、または、お腹を腫らしたとき出す歯ぎしりのような音なのか、よく分かりませんが、いずれにせよ、お腹を膨らましているフグの状態を見て、生まれた呼び名のように見えます。

鱈（たら）

tarak（凸・突き出ている）＝（タラㇰ『凸』）

「白子や卵が詰まって、お腹の突き出ている魚」

アイヌ語では（エレクㇱ）と言います。

e（それ）-rek（ひげ）-us（つける）＝（エレクㇱ『それひげつける』）

「ひげのある魚〈鱈・スケトウダラ〉」

氷下魚（こまい）

okot（くっつく）－ma（泳ぐ）-y（もの）＝（身を寄

せて泳ぐ魚」

この魚は、タラに似ていますが、小型で全長三〇センチメートル以下です。

アイヌ語では、pon（小さい）-e（それ）-rek（ひげ）-us（つける）＝（ポンエレクㇱ『小さい、ひげのある魚＝コマイ』）と言います。

カスベ

kat（姿・様子）-sum（しなびる）-pe（もの）＝（カスムペ『姿しなびるもの』）

「干してカラカラになっているもの」

カジキエイを干した物（アイヌ語＝カスンペ）

鱏（えい）

e（he：頭・顔）-hi（のよう・様子）＝（エヒ『顔のよう』）

「口のある裏側は、鼻穴が目のように見え、人の顔のように見える魚」

鮫（さめ）

sam（側に・横に）-e（頭・顔）＝（サメ『側に頭』）

「頭部の辺りが、左右に張り出している魚」

サメは、紡錘形をしています。

◎その他の水生生物

海豚（いるか）

i（それ）-rur（海の潮）-ka〈〈の〉上〈に〉・上辺〉-at（立つ〈高く現れる〉）＝（イルッカッ『それ海の潮の上に立つ』）

「海面上に姿を現すもの」

鯱（しゃち）

si（ずっと〈続く〉）-at（立つ〈高く現れる〉）-ci（それ・そこ〈へ〉・自ら）＝（シャチ『ずっと続けて立つそれ』）

「海面上に、繰り返し姿を現しながら泳ぐもの」

アイヌ語でシャチはタミペクㇽといいます。

tam（刀）-ipe（刃）-kur（そのまま・ついたまま・姿）＝（タミペクㇽ『刀の刃、そのまま』）

「まるで刀の刃のような鋭い歯があるもの」

また、次のようなとらえ方もしています。

◇pon（小さい）-aske（手）-tanne（長い）-rep（沖）-un（の）-kamuy（神）＝（ポナㇱケタンネレプンカムイ『小さな手が長い、沖の神』）

鯨（くじら）

ku（飲む・吸う）-ci（やたらに〈多い〉）-hi（そして）-rar（潜る）＝（クチヒラㇻ『吸うやたらに、そして潜る』）

「空気を勢いよく吸ってから潜る物」

クジラが、水面に浮きあがって空気を呼吸する時、鼻孔から吐く呼気中の湿気が、水滴となって柱状に立ち上がります。その時、鼻孔に溜まった海水や付近の海水も、これに伴って吹き上げられます。これを俗に「潮を吹く」と言います。

アイヌ語でクジラは、フンペと言います。

fumpe（フンペ）＝fum（片・切れ端）-pe（もの）＝（フㇺペ『切れ端のもの』）「切り刻むもの」

烏賊（いか）

iru（一続きである・連なる）-ka（上〈に〉・上辺）-at（立つ〈高く現れる〉）＝（イルカ『連なり上に立つ』）

「普段は深海に居て、餌を求めて海面近くに連なり上がってくるもの」

天敵は海鳥やアザラシです。海面近くに上がってきたところを狙われるのでしょう。

蛤（はまぐり）

ha（潮が引く）-mu（詰まる・塞がる）-ma（て・して）-un（ある・いる）-kuri（〈の〉影〈物に覆われた隠れた所〉・下側・裏）＝（ハムマンクリ『潮が引く詰まっている下側』）

「潮が引く砂の中の貝」

浅利（あさり）

asam（湾奥）-rik（上〈表面・辺り・ほとり〉・上の方へ・高い所）＝（アサムリㇰ『湾奥のほとり』）

「〈淡水が流れ込む〉湾奥の水辺にいる貝」

東京都神津島では、フジツボ・カメノテもアサリと言うとのことです。

蜆（しじみ）

si（本当に）-ci（固まってある）-mu（詰まる・塞がる）-i（所）＝（シチミ『本当に固まってある、詰まる所』）

「沢山固まって、土砂の溜まる所〈汽水域〉にいる貝」

栄螺（さざえ）

sapa（頭）-saye（巻く）＝（サパサイエ『頭、巻く』）

「渦巻きになっている貝」

法螺貝（ほらがい）

poro（大きい）-pa（頭・上の方）-kay（背負う・おぶる）＝（ポロパカイ『大きい頭背負う』）

「大きな殻を背負っている貝」

牡蛎（かき）

kar（剥く・剥ぐ）-ki（する〈その事柄が起こる・その状態にある〉）-y（もの）＝（カッキイ『剥がす物』）

「岩からはぎ取る物」

海中の岩石や杭などに付着します。

鮑（あわび）

ak（引く）-wa（して・て）-pi（抜く・剥ぐ）＝（アクワピ『引いて剥ぐ』）

「引っ張ってはぎ取る貝」

常節・床伏（とこぶし）

tokom（こぶ・こぶ山・くるぶし）-fup（腫らす）-si（本当に）-hi（のよう・様子）＝（トコムフプシヒ『こぶ腫らす本当に、のよう』）

「こぶを腫らしたようだと、心からそう思っている様のよう」

海月・水母（くらげ）

kur（影・下側・裏）-an（ある・生まれる）-kem（針）＝（クラッケム『下側にある針』）

「笠の下に刺細胞を持つ物」

クラゲやイソギンチャクは、刺細胞を持ちます。刺細胞中には、らせん状に巻いた刺糸（針）があり、外部からの刺激で突出して物に刺さり、毒液を注入します。

アイヌ語では、次のように言います。

fumpe（鯨）-etor（鼻汁）＝（フンペエトロ『鯨の鼻汁』）

海胆・海栗（うに）

un（入り込んでいる）-i（もの）＝（ウニ『入り込んでいる物』）

「棘で覆われた殻の中に納まっているもの」

雲丹と書いてウニと読み、生殖巣を塩漬けした物〈殻の中身〉を言います。

蝦蛄（しゃこ）

si（それ・自ら）-ak（引く〈後ろへ下がる〉）-o（入る・入っている）＝（シャコ『自ら、引いて入る』）

「後ろ向きに下がりながら、穴に入る物」

浅海の泥底に穴を掘って住んでいます。全長約一五センチ。

昆布（こんぶ）

kom（枯れ葉色の）-p（もの）＝（コンㇷ゚『枯れ葉色のもの』）

「枯れ葉色をしている海藻」

komは、ドングリの実も表します。（枯れ葉色の実）

玩具のコマは、kom（ドングリ）-at（立つ）＝（コマッ『ドングリの実が立つ』）という音で、できているのでしょう。

若布（わかめ）

wakka（水）-me（寒さ）-e（そこ〈場所〉・そこに）＝（ワッカメエ『水寒さそこに』）

「水が冷たく感じる頃、とれる海藻」

海苔（のり）

no（よく・十分に）-ri（伸びている）＝（ノリ『よく伸びている』）

「水中の岩石一面、苔状に着生している物」

岩のりは、波打ち際の岩一面に着生します。

水雲（もずく）

moy（岬の陰の静かな海）-tuk（伸びる・育つ）＝（モイト゚ㇰ『岬の陰の静かな海に育つ』）

「静かな内湾のホンダワラ類に着生し、糸状に甚だしく分岐し伸びる物」

沖縄では、スヌイと言います。

sut（根元・麓）-nuye（掃く）＝（スッヌイエ『根元掃く』）

「静かな内湾のホンダワラ類に着生し、糸状に甚だしく分岐し伸びて、海藻の足下を掃くように揺れ動く物」という意味なのでしょう。

ホンダワラ類の総称はモクと言います。

mom（流れる）-kut（中空の茎）＝（モㇺクッ『流れる茎』）

「潮流に揺らぐ藻」

ここから「藻屑（もくず）」という言葉が生まれました。

mom（流れる）-kut（中空の茎）-tu（屑）＝（モㇺクッド『流れる茎の屑』）

「潮流に揺らぐ〈漂う〉藻の屑」

「海の藻屑と消える」という言葉は、海で死ぬことの例えとして使われています。

藻（も）は、水中に生ずる藻類・海藻・水草等を示しますが、それは、次の様な意味から発したと考えられます。

mom（流れる）＝（モㇺ『潮流に揺らぐ物・漂う物』）

ギバサ〈秋田弁〉＝（アカモク）

ki（茎）-pa（頭・上の方）-sara（〈見えなかった物が〉現れる）＝（キパサラ『茎、上の方現れる』）

「茎の上部が水面に現れる」

キバサは、付着器から分岐しない茎が一本生えて数メートルの長さになり、茎の古い部分では、葉が脱落するため、直接茎から枝が生じているように見えるとのことです。

アイヌと私達の感性の違い

私達が、当たり前に使用している名称には、全国共通の物もありますが、方言などを見ますと、地方によって全く違う物もあります。

それは、それぞれの暮らし方や環境などが違うことによるのでしょう。

アイヌの人々と私達の暮らし方や環境にも、大きな違いがありますから、そこで育まれた感性には、やはり、違いが出て来る事でしょう。

ここでは、いくつかの言葉を例に取って、その辺りを見ていきます。

鮹（たこ）

tapkop（タプコプ）＝（小さい山・丸い山・辺りから見て目立つ山）

「丸い山のような形の物」

○アイヌ語（アッコロカムイ）

at（綱）-kor（持つ）-kamuy（神）＝（アッコロカムイ『綱持つ神』）

「綱のような八本の足を持つ神」

蟹（かに）

kam（肉）-mi（吸う・すする）-y（もの）＝（カムニ『肉吸うもの』）

「肉を殻から吸い出して食べるもの」

○アイヌ語（アムㇱペ）

am（爪）-us（ついている・生えている）-pe（もの）＝（アムㇱペ『爪生えているもの』）

「足に爪が生えているもの」

キツネ

ki（立った）-i（所）-tuk（見える）-ne（強調）＝（キイドゥクネ『立った所見えるよく』）

「立ち上がった所でよく目にするもの」

○アイヌ語（チロンヌプ）

ci（我ら）-ronnu（殺す）-p（もの）＝（チロンヌプ『我ら殺すもの』）

「駆除しなければならないもの」

アイヌの人々は、この他、キツネのことを、ケマコシネカムイ（脚軽い神）・スマリ（岩の上）とも言います。

雪（ゆき）

i（それ）-u-（互いに・みんな）-ki（光）-hi（のよう・様子）＝（イユキヒ『それみんな光のよう』）

「太陽光を反射してキラキラ輝く物」

◇上代東国の方言（よき＝雪）

i-o（満ちる）-ki（光）-hi（のよう）＝（イヨキヒ『満ちる光のよう』）

「〈太陽光を反射して〉辺り一面光り輝く物」

○アイヌ語（ウパシ）

u-（互いに・みんな）-pas（走る）＝（ウパシ『互いに走る』）

「空から競走しながら降ってくる物」

甘い（あまい）

amam（粟・稗・いなきび等の穀類）-hi（のよう）＝（アマムヒ『穀物のよう』）

「穀物のような味」

○アイヌ語（トペノ）

tope（乳・乳汁・乳液）-no（全く・本当に・のように）＝（トペノ『乳のように』）

「まさに乳のような味」

蚊（か）

kap（皮膚）-pus（ふくれる）＝（カップシ『皮膚ふくれる』）

「皮膚が腫れる物」

○アイヌ語（エドタンネ）

etu（口先）-tanne（長い）〈-kikir（虫）〉＝（エドタン

ネ〈キキㇼ〉『口先長い〈虫〉』）

「口がストローのように長い〈虫〉」

鳥（とり）

tori（滞在する）-y（もの）＝（トリイ『滞在する物』）

「渡り鳥」

◯アイヌ語（チカㇷ゚）

ci（私達）-ka（〈の〉上・上辺）-p（もの）＝（チカㇷ゚『私達の上の物』）

「頭上にある物」

稲妻（いなずま）

ihy（それ〈神〉）-na（方向を示す・の）-tuma（ひび）＝（イヒナドマ『それ〈神〉のひび』）

「神様の示した光のひび割れ」

◯アイヌ語（カムイイメル）

kamuy（神）-imeru（稲妻・稲光）＝（カムイイメル『神の稲妻』）

「神の放つ稲妻」

imeru は、次のような音の並びでできています。

◇Imeru（稲妻・稲光）

i（ihy〈その・神の〉）-meru（きらめき・閃光）＝（神の閃光）

アイヌの人々は、すでに imeru の中に神が存在することを、認識できなくなっているようです。そのため、改めてカムイイメルというように、言葉の中に神を位置づけています。アイヌ語も、時の流れの中で、その言葉を構成する音の意味が曖昧に成ったり、短縮されたりする方向で変化してきたようです。

蛇（へび）

he（自ら・頭・顔）-pi（剥ぐ）-i（もの）＝（ヘピイ『自ら剥ぐ物』）

「脱皮する物」

◯アイヌ語（キナスドンクㇽ）

kina（草）-sut（根元）-un（いる・住む）-kur（者）＝（キナスドンクㇽ『草の根元に住む者』）

「草陰に暮らすもの」

キナスッカムイ（草陰の神）とも言います。

カモ

ka（上・上辺）-mom（流れる）＝（カモㇺ『上流れる』）
「水面を流れる鳥」
○アイヌ語（コペチャ）
ko（そこ）-pet（川・濡れている）-ca（川岸・川の傍ら）＝（コペッチャ『そこ濡れている川岸』）
「川の水際にいる鳥」

朝（あさ）

a（燃える）-sara（現れる）＝（アサラ『燃えて現れる』）
「火が燃え立つように光を放って〈太陽が〉現れる頃」
○アイヌ語（クンネイワ）
kunne（暗い・真っ暗だ・夜）-iwak（帰る）＝（クンネイワㇰ『夜が帰る』）
「夜が明ける頃」

舟（ふね）

pus（浮き上がる）-net（流木）＝（プㇱネッ『浮き上がる、流木』）
「浮いて流れる木」
○アイヌ語（チㇷ゚＝舟）
ci（私達）-o（乗る）-p（もの）＝（チオㇷ゚『私達乗るもの』）
「人々の乗り物」
音の変化は「チオㇷ゚⇓チㇷ゚」となったとのことです。
ちなみに筏は、次のようになります。
○筏（いかだ）
ika（渡る・〈何かの上を〉通る）-ar（片側・片方）-ta（そこに・に）＝（イカアㇻタ『渡る、片方に』）
「対岸に向けて水面を渡る物」

キツツキ

ki（立った）-i（もの）-hi（に）-tuki（トンと音を立てる）-tuki（トンと音を立てる）-y（もの）＝（キイヒドキドキイ『立った物に、トンと音を立てるトンと音を立てるもの』）
「木をくちばしで突っついてトントントンと音を出す鳥」
◇クマゲラ（アカゲラは下腹が赤い）ともいいます。
kuma（黒い）-ke（削る・撒く）-ras＝（クマケラㇱ『黒い、撒く切れ端』）

「黒い羽根を持つ、木屑をまき散らすもの」
○アイヌ語（チㇷ゚タチカㇷ゚＝キツツキ）
cip（舟）-ta（掘る）-cikap（鳥）＝（チㇷ゚タチカㇷ゚『舟掘る鳥』）
「丸木舟をくちばしで掘る鳥」

ヒバリ

hi（頃〈ある期間〉）-pa（発見する）-rik（高い所）＝（ヒパリㇰ『頃、発見する高い所』）
「繁殖期〈さえずりから〉天空の高い所に見つける鳥」
○アイヌ語（チャランケチカㇷ゚）
ca（言葉）-ranke（下ろす）-cikap（鳥）＝（チャランケチカㇷ゚『言葉下ろす鳥』）
「上空からさえずりかけてくる鳥」

鰈（カレイ）

kat（姿・様子）-reye（這う）＝（カッレイエ『様子這う』）
「這うように泳ぐ魚」
○アイヌ語（サマムペ）
sama（横になる）-mu（詰まる・塞がる）-pe（もの）＝（サマムペ『横になる、塞がるもの』）

「横になって砂底に隠れている魚」

カレイに関連しておもしろいと思ったのは、ヒラメの呼び名でした。

私達は、ヒラメ＝hi（様子）-raw（底）-mu（詰まる・塞がる）-e（させる・する）＝（海底に隠れている魚）というようなとらえ方をしているのですが、アイヌの人々は、次のように呼んでいます。

nina（つぶす）-samampe（カレイ）＝（ニナサマンペ『つぶれたカレイ』）「カレイの顔をつぶしたような姿のもの」

ヒラメの顔が、そんな風に見えると言う事なのでしょう。

つらら

tuk（伸びる）-ra（下の方）-ra（下の方）＝（ト゚ㇰララ『伸びる下の方下の方』）
「下の方下の方へと伸びるもの」
○アイヌ語（ノキペコンル）
noki（軒）-pe（雫）-konru（氷）＝（ノキペコンル『軒雫氷』）
「軒の雫が氷ったもの」

◇タロンペ（秋田弁）
tarak（凸）-ran（下りる・降る）-pe（水滴）＝（タラクランペ『凸下りる水滴』）
「突き出た所を、水が滴るもの」

涼しい（すずしい）

sus（水浴する）-un（いる）-si（本当に）-hi（のよう）＝（スッスンシヒ『水浴している本当に、のよう』）
「水浴していると心からそう思う様のよう」
○アイヌ語（メマウアン）
me（寒さ）-maw（空気・風）-an（ある）＝（メマウアン『寒さ風ある』）
「気温の低い風が吹いている」

海老（えび〈古い音＝エミ〉）

e（食べる）-mu（詰まる）-y（もの）＝（エムイ『食べる詰まる物』）
「詰まったみを食べるもの」
○アイヌ語（ホロカテレケペ）
horka（逆さ・反対）-terke（跳ねる）-pe（もの）＝（ホロカテレケペ『反対跳ねるもの』）
「後ろ向きに跳ねるもの」

ザリガニ

sar（尾）-ri（伸びている）-kam（肉）-ni（吸う・すする）-i（もの）＝（サッリカムニイ『尾伸びている、肉すするもの』）
「尾が伸びている蟹」
○アイヌ語（ホロカレイエㇷ゚）
horka（反対・逆）-raye（這う）-p（もの）＝（ホロカレイエㇷ゚『反対這うもの』）
「後ろ向きに這うもの」

居眠り

i（自ら＝he）-ne（別の姿に変わる）-e（させる・する）-mu（目を閉じる）-ruy（強い・しやすい）＝（つい寝込んでしまう）
「別の姿に変わらせる」とは、寝顔になる事を表しています。
○アイヌ語（アイスイエ・アヘスイエ）

a（座る）-i＝（自ら＝he）-suye（ゆらす）＝（座って体を揺する）

◇秋田弁（ネブカギ）

ne（別の姿に変わる）-e（させる・する）-p（者）-kat（様子・姿）-ki（する）＝（寝ている人の様になる）

東（ひがし）

ihy（それ〈太陽〉）-ka（上・上辺）-u-（ある）-usi（いつも〜している所）＝（イヒカウシ『それ、いつも上にある所』）

「毎日、太陽が上にある所」

◯アイヌ語（エチュプカ）

e（そこ）-cup（月・太陽）-ka（上・上辺）＝（エチュプカ『そこ太陽上』）

「太陽が上にある所」

使用されている音は異なりますが、表現している内容は同じです。

この東という音に関連して、日の本（ひのもと）という音は、次のような意味になります。

ihy（日〈太陽〉）-nu（側）-o（にある・で）-moto（根元）＝（イヒヌオモト『日〈太陽〉側にある根元』）

「太陽が昇る方にある土地」

「大陸に住む人達から見ると、そちらの方角だ」と、言っている様にも見えます。大陸に住む人達との交流が始まるまでは、国名というような意識は、ほとんどなかったのでしょう。

西（にし）

nin（消える・縮む・減る）-usi（いつも〜している所）＝（ニンウシ『いつも消えている所』）

「毎日、太陽が見えなくなる所」

◯アイヌ語（エチュプポク）

e（そこ・そこで）-cup（月・太陽）-pok（下・裏・の後〈かげ〉）＝（エチュプポク『そこで太陽裏』）

「太陽が物陰に隠れる方」

アイヌの人々が、月・太陽を表すcupという音は、Ciw（流れ）-p（もの）＝（チウプ『流れ物』）「空を流れる物」という音の並びでできているようです。

犬（いぬ）の呼び名

イヌという音は、次のように構成されています。
imun（食べ物を探す・食べ物を探しに行く）-p（もの）
＝（イヌンプ『食べ物を探すもの』）
「常に臭いを嗅いで行動することから、食べ物を探しているように見えるもの」
沖縄では、イヌをインと言います。
音の変化は、イヌンプ⇓〈ヌが消えて〉イン。
私達は、語尾のンプが消えてイヌになりましたが、沖縄では、ヌが消えてインになったようです。
◯コロ（イヌの呼び名）
kor（帯同する・支配する）-ot（随分）＝（コロッ『帯同する、随分』）
「忠実に付き従うもの」
◯アイヌ語（レイエプ）
reye（這う）-p（もの）＝（レイエプ『這うもの』）
「腹ばいになるもの〈腹ばいになって休むもの〉」
このreyeという音は、先に述べた通り、鮍（かれい）という魚の名称にも使用されています。

◯マタギ言葉（セタ〈アイヌ語と同じ〉）
sem（入り口〈の土間〉）-ta（にいる）-p（もの）＝（セムタプ『入り口の土間にいるもの』）
犬をセタと呼んでいた頃は、アイヌと和人というような区別は、なかったのではないかと推測されます。
犬をイヌと呼ぶかレイエプと呼ぶかは、言語の違いではなく、どう感じたかという感性の違いです。言葉を構成する音（言葉の材料）は、共通です。
ここで、犬に関係する興味深い言葉を紹介します。
◯インコロ（エンコロ）
imun（食べ物を探す・食べ物を探しに行く）-kor（帯同する・支配する）-ot（随分）＝（イヌンコロ『食べ物を探す、帯同する随分』）
「食べ物を探して、付き従うもの」
アイヌの人々は、ネコヤナギを、ポンチチカムイ（小さい犬の神）と言います。それは、手のひらにのせて握ったり緩めたりすると、ネコヤナギは、犬のように動くことからだそうです。
もしかしたら、エノコロ草も同じように動くのかも知れません。

○猫じゃらし＝エノコロ草

エノコロ草は、本来「犬草」という意味です。その穂の部分で猫をじゃらすことから、そう呼ばれるようになりました。

最後に、日本犬の元祖とも言われるオオカミについても述べます。

◇狼（オオカミ）

o（それ）-o（群棲する）-kar（する）-mik（ほえる）＝（オオカッミㇰ『それ群棲してする、ほえる』）

「群れて生活し、遠吠えするもの」

◇オイノ（オオカミ）

o（それ）-inun（食べ物を探す・食べ物を探しに行く）-o（群棲する）＝（オイヌノ『それ、食べ物を探して群棲する』）

「群れて猟をするもの」

このオイノという音は、狼坂（オイノザカ）とか狼沢（オイノザワ）というような地名として残っています。アイヌの人々も、オオカミをオイノと呼びます。

古い日本語が解き明かす「山の神様」と「神社」

ここからは、いよいよ、身近にある言葉の意味を探っていきます。

神（かみ）という音

カミという音は、次の三つの音でできています。

kat（様子・姿）-mu（塞がる〈閉じた状態になる〉）-i・y・〈ihy〉（もの〈尊い者〉）＝（カッムイ・カッムイヒ『姿塞がる尊い者』）

「姿を見ることができない尊い者」

アイヌの人々は、神のことを「kamuy＝（カムイ『神』）」と言います。

mu（塞がる・詰まる）という音は「何かにさえぎられ隠れている」という意味でも使用されてきました。

音の変化としては、カッムイ ⇓ カムイ ⇓ カミとなるようで、アイヌ語は、私達の言葉より古い言葉ではありますが、最も古い言葉ということではなさそうです。

カッムイという言葉を構成するmu（塞がる・詰まる）という音は、基本的に「閉じた〈閉じこもる〉状態になる」という意味もあります。その音の入った例が亀です。

○亀（かめ）
kat（様子・姿）-mu（塞がる）-e（自動詞に接続して他動詞を形成する）＝（カッムエ『姿塞ぐ』）

「手足や頭を甲羅の中に隠すもの」

古代より人々は、山野やそこを流れる川などから、獣や鳥、山菜、根菜、茸及び魚など、色々な食べ物を採取し、それを食べて生きてきました。

その中で、人々は、色々な物は、いくら取っても、つきることなくまた姿を現し、そのおかげで、私達は、生きていることに気付きます。

それは、色々な物を産み出し、私達に与えてくれる存在

『カミ＝目に見えない尊い者』を意識させ、神様と人間との関係を成立させました。

そこから、人間の理解を超える天変地異等も、神様のなすことと考えたり、人間を越えた能力を持つ動物を、神様として扱うようになったりしていきます。

このカミという言葉の発祥に関連して、実は、アイヌという名称は、神様との関係で生まれた言葉です。

アイヌという言葉は「神に対しての人間」という意味を持ちます。そのほかに「成人男子・父・夫」という意味も併せ持ちます。

その理由は、その語源が物語っています。
○aynu（アイヌ）の語源
a＝（我々）-inun（食べ物を探す）＝（アイヌン『我々、食べ物を探す』）
「神から授かる食べ物を探す者」
これは、「山の神様は、食べ物を生み出し、私たちに与える存在だ」という認識から生まれた言葉です。
アイヌという音の、もう一つの意味「成人男子・父・夫」は、山に入って狩りをする〈食べ物を探す〉人たちを示す言葉として使われています。

このことから、山の神様に対する、アイヌとマタギの考え方は同じだ。ということが分かります。

そのため、アイヌ民族・アイヌ人というとらえ方は、最も新しい概念だ。と言えるでしょう。

また、マタギは、山の神様は、いろいろな物を生み出すことができることから女性である。と考えました。

そのため、女性と一緒に山に入ると、山の神様が焼き餅を焼いて、災いをもたらす。と信じられており、女性と一緒に山に入ることはしません。体を洗い清め、女性のにおいを消してから、山入りするとのことでした。

その名残でしょうか。私が子供の頃は、周りの大人の中に、我が妻を「うちの山の神は」と表現する人もいました。

以前、山の神様に関係する祭りで、女性の参加が制限されてきた背景には、マタギが、山の神様に抱く気持ちと同じ理由があります。それは、男尊女卑ではなく、山の神様への恐れの現れでありました。

山の神様は、具体的に捕らえきれないことから、「神様は、あらゆる所にいる」と考えられ、その後、時代の流れと共に、色々な神様に変身していくことになります。

祭りという音と、山の神様が帰る山

神様に関係することに、祭りがあります。祭りという言葉は、次のような音の並びでできています。

mu（詰まる）-ma（て・して）-tuk（伸びる）-rik（高い所）＝（ムマドゥリク『詰まって伸びる高い所』）

ここは、神様が降臨する場所として代表的な所ですから、そこで行う神事をマツリといい始めたのだと思われます。

角館の曳山行事は、以前は担ぎ山で「川の流れが押し寄せ、伸び出た高い所」を模して作られ、そこに降臨した山神様を迎え歓待し、祈願する行事が、原型となったと推測されます。

角館の集落は、元々は、院内川を挟んだ古城山（正式名＝小松）の対岸にありました。

その音の並びは、次の通りです。

ka（上・上辺）-kut（崖）-no（〜で）-tappu（川の曲がり部分にある土地）-te（ここ〈指示代名詞〉）＝（カクノタップテ『上崖で、川の曲がり部分にある土地、ここ』）

また、現在は、古城山と呼ばれている小松は、次のようになります。

ko（そこ・それに対して）-mu（詰まる）-ma（て・して）-tuk（伸びる）＝（コムマトゥク『それに対して、詰まって伸びる』）

このことから、カクノダテという音とコマツという音を合わせると、次のような意味が出て来ます。「上が崖になった、川の曲がり部分にある土地に、増水した川の流れが押し寄せ伸び出る所」

つまり、角館は、現在の古城山を差しており、角館の曳き山行事の山は、古城山がモデルとなって発祥したことが分かります。

そのため、現在でも置山には、その裾に川の流れが描かれるのが本来です。また、置山が、険しく高くそびえ立つのは、角館と呼ばれる山が崖山である事や、山の神様が降臨しやすいようにという願いなどが、重なり合って表現されるようになったとも推測されます。

田沢湖畔にある、神様の帰る山

田沢湖にも、山の神様が帰る山があります。その地域は田子の木と呼ばれ、そこには靄森山があります。

○田子の木（たこのき）〈仙北市田沢湖〉
tapkop（小さい丸い山・辺りから見て目立つ山）-not-kiri（突出した山）＝（タㇷ゚コㇷ゚ノッキリ『辺りから見て目立つ突出した山』）

○靄森（もやもり）山〈仙北市田沢湖〉
mo（小さい）-iwak（帰る）-muy（峰・森）＝（モイワㇰムイ『小さい〈神様が〉帰る峰』）

ここでいう田子ノ木も靄森山も、同じ小山を示しています。どちらも、神様が、降臨する山としての名称です。

ここに出てきたモヤ（モイワが縮まった音）のついた地名は、以下に示すとおり、県内各地にあります。

◇茂谷山（四四九・八メートル）藤里町藤琴
◇茂屋方山（二三五・九メートル）大館市山田
◇茂谷山（三六一・九メートル）鹿角市十和田
◇茂谷山（二四七・七メートル）能代市二ツ井町
◇母谷（二七五・九メートル）八峰町峰浜目名潟

九州（鹿児島県薩摩半島）にある古い聖地「モイヤマ・モイドン」も、もしかしたらモイワ（神の帰る小山）に関係する地名かも知れません。

ところで、興味深いことに、実は、田子の木という地名を構成するtapkop（小さい丸い山・辺りから見て目立つ山）という音が、竜子（タツコ）姫伝説を生み出しました。

それを裏付けるかのように、地元では「タツコ」ではなく「タッコ」と呼ばれることが多いのです。「タㇷ゚コㇷ゚」は、山の神様が降臨する尊い山です。

この「タㇷ゚コㇷ゚」に繋がるお話は「希望Ⅲ田沢湖の昔話」にあります。

その内容は、簡潔に示すと次のようになります。

「信者鶴亀は、その神に永遠の命を授かった。その代償として竜になり、田沢湖の主となった」

神様の帰る所：イワキ

イワキという音は、岩城・岩木と表す地名が多いようです。その意味は次の通りです。

i（それ〈神様〉）-iwak（帰る）-i（所）＝（イワキ『神様が帰る所』）

青森県の岩木山は、その意味を持つ山です。

また、岩手（いわて）山は、i（それ〈神様〉）-iwak-te（帰す・神の国へ送る）＝（イワクテ『神様を帰す』）という意味を持ちます。

岩木も岩手も、神様が帰る所という意味を持っています。

湯沢市稲庭町にある岩城は、皆瀬川のそばにある地名で、そこには、辺りから見て目立つ山（tapkop）に当たる、朝月山（三九六・一メートル）があります。その裾野を洗うようにして皆瀬川が湾曲して流れます。

朝月（あさつき）山は、次のような意味を持ちます。

as（雨や雪が降る）-san（〈水が〉出る・流れる・降りる）-tu（峰・岬）-ki（立った）-i（所）＝（アサンドキ『雨や雪が降ると水が流れる、峰の立った所』）で「雨水や雪解け水が流れ下る、急勾配の山〈岩崖山〉」

アイヌの人々は、神の住む場所を、kamuy（神）-kotan（集落・村）＝（カムイコタン『神の村』）と言います。

そこは、天の上にある。と考えられていたそうで、そこから、山の頂に降臨されるということなのでしょう。朝月山は、目立つ急勾配の崖山ですから、神様が降臨される条件を、備えている場所のようにも見えます。

神様の帰る山の例

○鳥海山（ちょうかいさん）
鳥海山は、本来「トリウミ」でした。その理由は、トリウミという音の並びであれば、どんな山なのかがよく分かるからです。

また、鳥海山の周りには、鳥海（トリウミ）という名字の方がお住まいだ。ということもあります。

その音の並びは、次のような意味を導き出します。

tori（滞在する）-hi（所）-ufui（燃える・焼ける）-muy（峰）＝（トリヒウフイムイ『滞在する所、燃える峰』）で「神様が立ち寄る噴火する山」

現在呼ばれているチョウカイという音は、漢字の音読み（漢音）ですから、漢字が、日本に伝わる以前はなかった音です。

鳥海山は、漢字が伝わった五世紀より、遙か古代から存在していますから、元々はトリウミだったという可能性は、非常に高いと思われます。

これと同じことが、磐梯（ばんだい）山にも言えます。
○磐梯山（ばんだいさん）
磐梯山は、元々は岩橋・磐梯（いわはし〈磐梯の訓読み〉）でした。その持つ意味は、次の通りです。

i（それ〈神様〉）-iwak（帰る）-pa（山の頭・頂上）-un（の）-usi（場所・所）＝（イワクパウンウシ『神様が帰る、

山の頭の所』）

「山頂は、山の神様が帰る所」

言い伝えでは「天に向かって岩橋を架けるという意味だ」と言われているようですが、これは、漢字の持つ意味から導き出された解釈で、奇想天外な話と、言わなければなりません。

なぜなら、古い地名は、表音文字で記録され、漢字の意味は、無視されていましたから、漢字の意味から地名の意味を推測することは、最初から無理があるからです。

ただ、おもしろいことに、名字は、鳥海はトリウミと読み、磐梯・岩橋は、イワハシと読んでいます。

おそらく、山の名称の読みを変えたのは、仏教に関心を持つ漢字知識層であるお坊さんだったかも知れません。お寺の名称は、漢字の音読みでできているように見えます。

和歌山県北東部に位置する真言宗の聖地高野山（こうやさん）も、元々は高野（たかの）だった可能性も否定できません。

このように、地名が表音文字としての漢字で記録されるようになると、記録された後その読みがかわってしまった地名は、他にもあることでしょう。

私が、現在、そうではないかと思っている地名に、男鹿にある真山（しんざん）があります。

ここは、なまはげに関係する山で、そこには真山神社があります。その縁起によると、真山は、当初「沸き出で山」と呼ばれていたとのことです。

現代語の「わき出る」には「水が地中から自然にあふれ出す」とか「次々と現れる」というような意味があり、「涌く・沸く」には「水が熱せられて湯となる・金属が熱せられてとける・さかんに起こる・はげしく発する」というような意味があります。

以上のことから、真山は、溶岩が流れ出る火山。という意味になるのではないか?と、考えました。それに随い調べてみますと、次のような意味が現れました。

真山のシンは、元々はマだったとしますと、次のようになります。

ma（焼く）-un（いる・ある・所）＝（マウン『焼く所』）

「溶岩の流れ出す所」

このma（焼く）が入っている地名に、駒ヶ岳があります。

その意味は、次のようになるようです。

kot（窪み・穴）-mu（詰まる・塞がる）-ma（焼く）

-un（所）-ke（削る・撒く・剥ぐ）-takne（山・凸・塊）
＝（コッムマンケタクネ『窪みに詰まる焼く所、撒く山』）
で「火口に溜まった溶岩をまき散らす山」

真山や駒ヶ岳は、火山弾を振りまく富士山のような火山ではなく、溶岩が吹き出す火山だと言ってるように見えます。

ちなみに富士山は、次のような意味を持ちます。

pus（はじける・跳ね出る）-usi（いつも〜している所）
＝（プㇱウシ『いつも跳ね出ている所』）で「常に噴火している所」

「〜山（サン）」という呼び方は、最初からではなく、後の世になされるようになったと考えられます。

沖縄の山の神様

◯イベガナシ〈沖縄「カケロマ島・須子茂」〉
ipe（食事する）-kamuy（神）-na（〜の）-usi（場所・所）
＝（イペカムイナウシ『食事する神の場所』）

これは、一メートル大の石灰石であったり、複数の自然石だったりします。

沖縄県瀬戸内町油井には、部落の広場にあるガジュマルという木の下に、四個の自然石がイベガナシとしてあります。豊年祭り等は、その前で行われます。

また、神様は、近くの神山に降臨した後、カミミチを通って、部落の祭場であるアシャゲに到達すると言われてきました。

◯アシャゲ
as（立ち上がる）-akup（屋根葺き・屋根を茅などで覆う）-ke（の所）＝（アシャクプケ『〈柱が〉立ち上がる、屋根葺きの所』）
「柱が立ち上がる、屋根を葺いた所」

アシャゲの古い形は、床が土間で、四本または六本の柱だけが立ち上がった、二間四方の藁屋根の建物で、高床式のものもあります。後に板張りの壁が張られて、社のような形式に変化していきます。

アシャゲでは、ノロ（祝女）と呼ばれる人々が、神様との交流を行います。

◯ノロ
nu（聞く）-rok（群れをなして座る）＝（ヌロㇰ『聞く、群れをなして座る』）
「連座して神の声を聞く人たち」

ノロは、それぞれの家筋から出た娘や姪などの中から選ばれるそうです。特にサータカウマリ〈サーは霊力〉で神だれ〈カミダーリ〉という精神異常の状態になり、しきりに神ごとを口走り、神のウシジ（神霊・セジ）の憑依を示す人たちです。

このアシャゲと関係があるのではないかと思ったものに、青森県にある、三内丸山の大型掘っ立て柱建物があります。

それは、直径二メートルの穴六つから柱が立ち上がる一四・七メートルの大型高床建物です。物見台・灯台・日時計・宗教施設など、いろいろな仮説があります。

スケールの違いはありますが、三内丸山の大型高床建物に屋根をつけると、アシャゲの古い形に類似するように思われます。この建物には、屋根があったとする説もあるそうです。

私は、三内丸山の大型掘っ立て柱建物は、沖縄のアシャゲと同じ役割を持っていたのではないか。と思っています。

その理由は、山の神様が降臨される山である神山として、恐山と岩木山が、考えられるからです。山の神様は、そこから神道を通って、山内丸山の掘っ立て柱建物までやって来た。と考えました。

○恐（おそれ）山〈元の音はウショリ〉

usu（湾・湾内）-o（〈に〉ある）-rik（高い所）＝（ウショリㇰ『湾にある高い所』）

「陸奥湾にある高い所〈イタコのいる所〉」

ウショリという音に恐（おそれ）という漢字が、表音文字として当てはめられ、その後、オソレと呼ばれるようになりました。ソとショは、同じ意味を持つ音です。

恐山は、下北半島の先端部湾内側に位置し、恐山の頂上のカルデラは宇曽利（ウソリ）山湖と言います。

○岩木（いわき）山

ihy（尊い者）-iwak（帰る）-i（所）＝（イヒワキ『尊い者、帰る所』）

「山の神様が帰る所」

恐山も岩木山も、どちらも火山で、山の神様と繋がる所です。

カンデャッコあげ（西木村郷土誌民俗編にある音）

仙北市西木町中里地区には、塞の神の祭りとして、旧暦の一月一五日（新暦の二月二八日）の夜に、カンデャッコあげと呼ばれる行事が行われます。

塞の神とは「邪霊の進入を防ぐ神・行路の安全を守る神・道の神・道祖神・村境等に置かれ、近世には良縁、出産、夫婦円満の神ともなった」神様です。

祭りの当日、夜になりますと、集落の男達が、あらかじめ胡桃の木で作った小形の男根と、朴の枝のある木（ほうのき）で、枝を柄にして作った小形の鍬形の両端を、縄で結わえたものを肩に掛け、塞の神の神前に整列して、その一対を神前に供え、その年の豊作と縁結び及び家内安全を祈願します。

その祈願が終わってから、男達は、桂の大木めがけて男根と鍬形の一対を、投げ掛けます。一回で引っかかりますと、その年のなりものがよくできるということです。また、落ちたものを拾って持ち帰り、屋敷のなりものに掛けますと、実なりがよくなる。ということです。

ここで面白いと思ったのは、どの地域でも、豊作祈願と言えば、その対象は、米などの五穀豊穣が定番ですが、ここでは「実なり」というように、木になる物が対象だということです。

おそらく、木になる物には、クルミ・栃のみ・ドングリ・葡萄・山梨・栗等色々考えられますが、中でもその対象の中心は「栗」ではなかったかと思っています。

それは、三内丸山で生活していた人々が、最も栗を多く食していたという事実や、現在、西木町の持つ、栗を特産とする地域性にもつながるものではないかと、考えられるからです。

西木村郷土誌民俗編によると、昔の祭りの夜には、女は、桂の木でカギ（鈎の手の略〈ほぼ直角に曲がっていること〉）を作り、それを数本束ね、当時参道の入り口に立っていたサイカチの枝に掛けてから、祠に参拝したといいます。祠には、六〜七尺（約二メートル）もある大きな木造の男根が、祭られていたということです。

昔の塞の神の祠は、現地点よりもっと東にあって、参道の入り口には、老木のサイカチが立ち、その後ろには、数百年もたった杉並木が続いていたということです。祠の後ろには、数本の桂の大木があった。といわれています。

おそらく、以前は、その桂の木々に投げかけていたのではないかと思われます。

ここに出てきました男根崇拝ですが、「カミの発生〈日本文化と信仰〉」の著者萩原秀三郎氏は、千葉徳爾氏の「山の神論」を取り上げ、その中で次のように述べています。

「縄文時代の男根崇拝は、単に山地の狩猟民文化の範疇でとらえるだけでは誤りである。海や川など、漁獲にとっても男根は、非常に有効なものである」とし、さらに「北日本の熊猟儀礼の場合は、山の神に男根を突きつける儀礼がたくさんある。これは、初参加の若者（男）が一人前になった証として、女神である山の神に、男根を突きつけるのであって、〈中略〉自分が一人前になった、成人式としての証である」

つまり、そのような儀礼は、山の神様である女神に、男として一人前であることを認めてもらうためのものであると同時に、それはすなわち一人前の狩人として、山に入ることを認めてもらうために行われた。と考えられるのです。

このような本来の山の神様と人々との関係は、長大な時間の経過の中で、女神に対して、山で狩りをする間の安全や、獲物を授かること及び子宝に恵まれることを願うという形態から、中里地区で行われている「カンデャッコあげ」行事のように、豊作や縁結び及び家内安全を願う形態へと変化していったものと考えられます。

この祭り行事は、かなり古くから継承されているようで、その形態の素朴さからも、古代につながるにおいが漂ってきます。もちろん、「カンデャッコ」という言葉自体、不思議な魅力を持つ言葉ですが、その意味についての明確な説明はありません。

そこで、この言葉が古代からあるものとして調べてみますと、次のような可能性が、生まれてきます。

kamu・tek（おおいかぶさる）-at（立つ〈高く現れる〉）-p（もの）-ko（～に対して・向かって）-at（立つ〈高く現れる〉）-ke（自動詞に接続して他動詞を作る）＝（カムテㇰアッㇷ゚コアッケ『おおいかぶさって立つ物に対して、高く現す』）

このように古代の人々の言葉を元にしますと「カンデャッコあげ」は、「おおいかぶさって立つ木に対して上げてやる」ということになり、まさに祭りで行われている行為そのものを言い表しています。

この言葉を構成する音の中で、ムという音はンに変化しやすく、小文字のㇰとㇷ゚は無声音ですから消えていきます。そのことから、次のような音の変化が予想されます。

◇音の変化　カムテㇰアッㇷ゚コ ⇓ カンテアッコ ⇓ カンデヤッコ

このような変化は、極めて自然な流れに見えます。

この通りだとしますと、この祭りは、古代から続いていることになります。

そのことから、この祭りは、祠の近くにある「最も大きくて立派な木に投げ掛ける」という風習として、現在まで継承されてきていることが分かります。年老いた大木には、神様が宿るという信仰が、その背景にあるのでしょう。

また、西木町に伝わる口伝によりますと、『塞の神は不美人で、男も寄りつかない女であった。そのため、「桂のカギ」は、男を引っかけるという意味から奉納するのだ』とも云われているそうです。

ちなみに、マタギをはじめとする山で生活する民は、山神様を信仰しています。その山の神様は、やはり女性だと云われています。

その理由は、稲作がまだ伝わらず山際を示す「サト」を中心に生活していた人々は、山からの恵みを頼りとする生活スタイルであったということに基づいています。

そんな生活の中にある古代の人々は、山の神様は、水・獣・鳥・魚・山菜・木の実等の食料や・木・草・蔓・石等の生活用品を私たちにくださるのはもとより、風・雨・雪・雲・雷さえも生み出す存在で、ずっと山奥の高い所にいらっしゃると信じてきました。

このように天変地異というような激しい面をもちながらも、一方では色々なものを生み出し、私たちに恵み与えてくれるという面も合わせもつことから、山の神様は女性である。という概念が、育まれてきたものと考えられます。

そのため、マタギは、女性と共に山に入ることを嫌います。それは、山の神様が女性のため、焼き餅を焼いて、災いをもたらすと信じているからです。

角館の祭りも、元々は男の祭りで、曳き山（古くは担ぎ山）に、女が関わることを嫌いました。この行事でも木に投げ上げるのは男だけのようで、山の神様との関係が色濃く感じられます。

また、現在、代々使用されてきた大木が、一代前くらいまでしかさかのぼれないのは、人間の寿命と木の寿命との、かけ離れた差によるものだと言えるでしょう。大木と言われる木は、少なくとも数百年の時を刻んで生きています。その木が二代続けば、千年を超える可能性も見えてくるのです。

ところで、この「カンデャッコ」という音について、『これは「カンデッコ」ではないか』とする説があります。

これは「風呂鍬（フログワ）」の「風呂台（鍬の柄と鍬の鉄の刃の部分を繋ぐ部分）」のことを「カデ」ということから来ているようです。

さらに、この風呂台と柄のつながった一本作りのことを、県北地方では「鍬台とり」といい、素材は朴（ほお）の木で岩手県安代町田山が産地だったということです。

この「鍬台（くわだい）」の「くわ」が訛ってカ・カンに「だい」が訛ってデ・デイとなり、それにコが付いて、カンデッコとなったようです。

同様に、風呂鍬を差す言葉に、カンデカがありますが、それも、同じ理由によるものと考えられます。おそらくカデも、その元の音は、鍬台（くわだい）であったと思われます。（クワダイ⇓カ〈ン〉ダイ⇓カ〈ン〉デ）

ここで取り上げました、カンデャッコは、カンデッコではないか。という発想は、大木に向かって投げ上げられる「男根」と対になっている「鍬形」といわれる部分が「鍬の柄と風呂〈フロ〉」の、一本作りの形によく似ている。というところにあるようです。

私としては「カンデャッコあげ」は、鍬形と一緒に投げ上げられる、男根にこそ大きな意味があると思っています。

このような男根信仰は、縄文時代における、山地の狩猟民文化（男根・石棒信仰）とつながるものとして位置づけられ、男根・石棒には、生物を呼び寄せる生命力の象徴としての意味がある。とする見方があります。

それを高い木の上に放り上げることで、女である山の神様に、豊猟と家内安全及び子孫繁栄を願うという、山神様との関係の深い祭りとも考えられるのです。

そうなりますと、この祭りの発祥時期は、縄文時代にさかのぼる可能性もでてきます。

そのことから、中里という山間部に住んでいた人々が、信仰発祥の当初から、すでに風呂鍬を持ち、農耕中心の生活をしていたとは、考えにくいようにも思われます。

なぜかと言うと、男根信仰は、鉄の文化より遙か以前から伝承されていると思われるからです。そのため、どちらかというと、鍬形は鈎の手に通じ、男根を木に引っかけやすくする（結びつきやすくする）ための道具。といったイメージではなかったかと思われます。それは、木に引っかかると実なりが良くなる（木の実が豊かに育つ）という伝承からも推察されます。

また、「結びつく」ということでは、女が祠にお参りするとき、カギを数本束ねてサイカチの枝に掛けた。ということとも関係し、男女の結びつき（結びつける）という意味合いの方が強いようにも感じるからです。

以上のことから、中里の塞の神の祭りに行われる「カンデャッコあげ」行事の対象は、田の神様ではなく狩猟民の山の神様である可能性が強く、それが後に、塞の神（道祖神信仰）と結びついたのではないかと思われます。

そのことは、山の神様は、女性神であるのに対して、田の神様は、夫婦神ということはあっても、女性神ではないのが一般的だ。ということからもうかがえます。

もちろん、時代の流れと共に、この二つの神様が、混同されていく事態は、十分に考えられます。しかし、「カンデャッコあげ」が対象とする神様は、その行事のありようから見ても、山の神様である。といわなければならないと思われます。

そのことから、カンデャッコという音を、安易に、カンデッコと書き換えてしまうことには、大いなる危険性を感じています。中里地区の人々によって、古来から伝承されてきたカンデャッコという音は、これからも大切に伝承していかなければならないものだと強く思います。

なお、中里（なかざと）という地名ですが、これも古代の人々の言葉だとしますと、次のようになります。

na（もう少し）-ka（上・上辺）-santu（山の出崎・下がる峰）-or（の所）＝（ナカサンドオロ『もう少し上辺、山の出崎の所』）で「川の流れの少し上で、山の出崎の所」

※〈山の出崎＝山の斜面の麓に近い部分（山裾）が伸び出ている所〉

中里地区にある桧木内川沿いの平地は狭く、そこへ山裾が伸びています。

そこから上流域に向かいますと、山の斜面の裾が左前方から右方向に下りきった辺りを桧木内川が通過しています。道路も、その山の出崎辺りを通って、左右に大きく迂回しながら上っていきます。

私は、里（さと）という言葉は「santu（山の出崎・下がる峰〈山際の土地〉）-or（の所）＝（サンドオロ『山の出崎の所』）から生まれた言葉ではないかと思っています。里山（さとやま）という言葉は、それを裏付けています。

ちなみに故郷（ふるさと）は、次のように考えられます。

furu-sut（丘の下〈麓〉・坂の下）-santu（山の出崎・下がる峰）-or（の所）＝（フルスッサンドオロ『丘の麓や

山の出崎の所』）＝（山際の土地）

山際にひっそりとたたずむ山村の、のどかな風景が、思い浮かびませんか。

尚、この中のフルスッは、「古巣（ふるす）〈以前住んでいたり勤たりしていた所〉」や「古し（古語・あきたの言葉）・古い」という言葉にもつながる音だと思われます。

ねぶた（ネプタ）祭り

夏祭りとして有名なものに、ネブタ・ネプタ祭りとか、ネブ流し、ねぶり流し等と呼ばれるものがあります。

ネブタ・ネプタという音の意味は、次のようになります。

ne（別の姿に変わる〈寝顔になる〉）-e（させる・する）-p（もの）-tak（呼ぶ・招待する）＝（ネエプタク『別の姿に変わらせるもの呼ぶ』）

「眠気を催させるものを、呼び集める」

ねぶた祭りの起源は、能代のネブ流し等夏祭りの起源に通じ、次のような事から始まったと推測されます。

祭りを最初に始めた人達は「日中に眠くなるのは、魔物がとりついているせいで、魔物は、私たちの魂を、吸い取ろうとしている」と考えました。

そこで「夜、灯明を灯し賑やかに囃し立てることで魔物を引きつけ、魔物の取り憑いた燈籠を川や海に運び、そのまま焼き払い、水に流してしまおうと考え始まった」と推測しました。

夏場の暑さで、ビタミン等のミネラル分の不足から体調を崩したり、つい眠り込んでしまったり、仕事に集中できず事故に遭うなど、災いが起こる事への恐れから生まれた祭りだと思われます。

この祭りは、魔物を退散させるということが目的で、山の神様との関係は、特には感じられません。

神様と鳥居（とりい）

神社にあるトリイという音には、次のような意味があります。

tori（滞在する）-hi（所）＝（トリヒ『滞在する所』）

「神様が滞在する所」

この音は、空を飛ぶ鳥という音にも重なります。

○鳥（とり）

tori（滞在する）-ye（もの）＝（トリイ『滞在するもの』）

「渡り鳥」

渡り鳥は、冬場の食料として捕らえる、大切な物だったことから、そのトリという音が、鳥類全体を示す音になっていった。と考えられます。鳥類には、色々な種類がありますが、トリという音が名称の中にあるのは、非常に珍しいようで、私が確認できた中では、ムクドリだけでした。その意味は、次の通りです。

○椋鳥（むくどり）

mun（草・雑草）-kur（影・下側・裏）-tori（滞在する〈他所に行って、そこにある期間留まっていること〉）＝（ムンクットリ『雑草の下側、滞在する』）

「昼中は、それぞれ地面に生えた草の下に潜り込み滞在し、餌をあさる鳥」

人家付近の樹林や田んぼに群棲し、夜間には、大集団で共同ねぐらをなして寝ます。鳴き声がはなはだ騒がしく、地上で昆虫などを食べます。

また、地名では、北秋田市に鳥坂があり、阿仁川に鳥坂川が流れ込む辺りです。

○鳥坂（とりさか）〈北秋田市〉

tori（滞在する）-si（ずっと〈続く〉）-aka（尾根）＝（トリシアカ『滞在する、ずっと続く尾根』）

「漁のために一時移り住む、川沿いに続く尾根」

この地域には、笑内（おかしない）という地名が並びます。

o（川尻）-kas（仮小屋）-iru（一続きである・連なる）-nay（沢）＝（オカシルナイ『川尻、仮小屋連なる沢』）で「阿仁川に鳥坂川が流れ込む辺りは、鮭漁のため集まった人々の仮小屋が、川沿いに並ぶ所」

次に、地名にトリという音がある他の例として、横手市の大鳥・鳳（おおとり）を取り上げましょう。

○鳳・大鳥（おおとり）〈横手市〉

o（末端・尻）-or（そこ・の所・の中）-tori（滞在する）＝（オオットリ『末端の所、滞在する』）

「〈神様が〉山尻の所へ滞在する」

ここは、横手川に向けて張り出した尾根で、その川沿いに盛り上がった山が、国指定大鳥居山遺跡です。そこにある神社は、鳥井神社と言います。

○鳥井（とりい）神社〈横手市大鳥〉

tori（滞在する）-hi（所）＝（トリヒ『滞在する所』）

「〈神様が〉滞在する所」

この神社の名称は、どの神社にもある鳥居と同じ音で、同じ意味を持っています。

この鳥居に関係して、興味深いことは、日本最古の神社形式を持つといわれる、奈良県桜井市三輪にある大神神社の鳥居です。

ここの鳥居は、神社の神域を守る門としての役割を果たすことなく、拝殿の背後にある三輪山を守る形で置かれています。

ここから推測されることは「元々鳥居は、神の世界と人界との境目に立てられたのではないか」ということでした。それが、いつの頃からかは分かりませんが、社が鳥居の中に収まるようになっていったもののようです。

奈良県桜井の三輪（みわ）や大神（おおみわ）は、次のような意味を持つ可能性があります。
◇三輪（みわ）山
muy（山並み・峰・森）-wa（縁）＝（ムイワ『森の縁』）
◇大神（おおみわ）神社
o（尻・末端）-o（にある）-muy（山並み・峰・森）-wa（縁）＝（オオムイワ『山尻にある森の縁』）
ここからは「神社の名称は、それがある位置を表しているのではないか」という可能性が見いだせます。

御幣とイナウ

アイヌに伝わる神様の宿る丘等に立てる御幣は、イナウと呼ばれ、柳やミズキを削って作ります。
○イナウという音の持つ意味
i（それ〈神様〉）-na（〈の方〉にある・の）-un（所）＝（イナウン『神の方にある所』）

「神様がいる辺り〈神様のいる所を示す物〉」

アイヌの人々は、神様の存在を感じ取れる場所にイナウを立てました。イナウが揺れることで、神様の存在を感じ取れるという思いがあったのでしょう。それは、私達が、御幣を、神様の居場所に立てる行為に重なります。

神様は、具体的には認識できない存在ですから、なんとか神様を実感したい。という思いが、生み出した物だと推測されます。

私達が、幣（ぬさ・にきて）〈幣束〉として使用している物には、次のような物があります。
・神に捧げる物（さいた麻やたたんで切った紙を細長い木に挟んで垂らした物）
・神に祈るとき供える物（柊〈ひいらぎ〉に幣）

・祓えに捧げ持つ物
・神前に供える布帛（絹布）〈贈り物〉
アイヌ語のヌサは、幣場（捧げ物を置く場）・祭壇を差します。

また、アイヌ語のニキテは（niki（ひだ）-tek（枝）＝ひだの枝）で「ひだをつけた枝〈棒〉」となり、神主さんが、神前で振り回す物に重なります。

ここで取り上げた、イナウという音が入っている地名には、次のようなものがあります。
○稲庭（いなにわ〈湯沢市稲庭〉）
inaw（イナウ）-un（ある）-iwa（丘〈霊山〉）＝（イナウニワ『イナウある丘』）
「イナウがある霊山（岩城地区の朝月山？）」
ここで考えたのは、浪速・難波・浪花（なにわ）という地名についてでした。これは、もしかしたら、イナニワから語頭の母音イが消えた音ではないか？ということでした。
○稲沢（いなざわ〈大仙市協和〉）
inaw（イナウ）-si（ずっと〈続く〉）-an（ある・いる）-wa（縁・岸）＝（イナウサワ『イナウずっと続いている岸』）
「ヤナギやミズキがずっと生えている岸〈イナウの材料がある所〉」
○猪苗代（いなわしろ〈福島県〉）湖
ここは、福島県中央部磐梯山の南麓にある堰止め湖（阿武隈川の水源）です。
inaw（イナウ）-a（多い）-sir（山）-o（の尻・の端）＝（イナワシロ『イナウ多い山の尻』）
「イナウが多い山〈磐梯山〉の尻」
◇磐梯山（元：磐梯〈いわはし〉山）は、猪苗代湖につながる山です。
ここは、イワクパシリ＝山頂に神様が帰る所です。

次に、イナウという音が入った、名字を紹介します。
○猪本（いのもと）
inaw（イナウ）-u-（ある）-moto（根元）＝（イナウモト『イナウある根元』）
「イナウを立てた山の麓」
○稲葉（いなば）
inaw（イナウ）-u-（ある）-pa（山の頭・山頂）＝（イナウパ『イナウある山の頭』）
「山の頭にイナウを立てた所」
因幡の白ウサギは、これに関係しているようです。

稲荷（いなり）

inaw（イナウ）-u-（ある）-rik（高い所）＝（イナウリク『イナウある高い所』）

「イナウが立った高い所」

そんな高い所から、狐はよく見下ろしています。

○狐（きつね）

ki（立った）-i（所）-hi（〜に）-tuk（見える）-ne（強意）＝（キイヒドクネ『立った所に見えるよく』）

「立った小高い所で、よく目にするもの」

キツネは、他にキツとかクツネとかとも呼ぶとのことです。

○キツ

ki（立った）-i（所）-hi（〜に）-tuk（見える）＝（キイヒドク『立った所に見える』）

「立った小高い所で目にするもの」

○クツネ

kut（岩肌の露わな崖）-tuk（見える）-ne（強意）＝（クツドクネ『岩崖に見えるよく』）

「岩崖で、よく目にするもの」

キツネは、イナリ（イナウの立った高い所）でよく目にすることから、神様の使いと見なされるようになったようです。

ここで取り上げたイナウ・御幣から推測できることは、次の通りです。

山の神様は、深遠なる山並みから、私たちの近くにある、見晴らしのきく小高い丘に降臨され、私たちを見ている。という思いを持ちながらも、人々は、具体的にその存在を確認することができないことから、山の神様は、常に移動して歩いている。と考えた。

そのため、山の神様が降臨される、辺りから見て目立つ、大山や小山そのものをご神体と考えたり、その代わりとなるご神体として、降臨する場所に立てられたイナウ（御幣）や、山の神様が降臨する丘の石が扱われた。

後に、鏡・剣・玉・鉾等、神前に奉納された宝物にも、山の神様が宿ると考えるようになり、さらには、人間によって思い描かれた影像もそれに加わるようになった。

神事に関わる人々

ここでは、神事に関わる人々の呼び名について述べます。

○ノロ（祝女）〈沖縄地方〉

nu（聞く）-rok（群れをなして座る）＝（ヌロㇰ『聞く、群れをなして座る』）

「連座して神の声を聞く人たち」

ノロは、それぞれの家筋から出た娘や姪などの中から選ばれます。

特にサータカウマリ〈サーは霊力〉で神だれ〈カミダーリ〉という精神異常の状態になり、しきりに神ごとを口走り、神のウシジ（神霊・セジ）の憑依を示す人たちです。

○ユタ（沖縄地方）

yutar（ユタㇻ『伝言する』）

・神の声を伝える人・口寄せする人

ユタは、呪術行為の中で神がかりし、占い・祈願・口寄せ等を行います。

○イタコ（東北地方）

itak（言う・話す・言葉）-ot（死骸・屍・死体）＝（イタコッ『話す屍』）

「口寄せする人〈死者の言葉を伝える人〉」

◇エチコ（秋田弁）

ye（話す・言う）-ci（それ・そこ〈へ〉・自ら）-ku＝（私-o（入っている・入れる）＝（イエチクオ『話すそれ、私入れる』）

「口寄せする人〈死者が乗り移って話す人〉」

○巫女（みこ）

mik（吠える）-o（呼びかけの言葉）＝（ミコ『吠えるように呼びかける』）

「祈祷する時、おおおおっと声高く呼びかける人」

神に仕えて神楽・祈祷を行い、または、神意を伺って神託を告げるものです。

未婚の少女（汚れない存在）が多く、山の神様と同じ女性（神が乗り移る人）

○かんなぎ（古くはカムナキ）

kat（姿）-mu（塞がる）-i（もの〈神〉＝ihy）-na（方向を示す・の方にある）-iki（働く・行動する・する）-y（者）＝（カッムイナイキイ『姿塞がる者の方、働く者』）

「山の神に仕えて働く者」

カッムイナイキイは、母音のイが消えるとカムナキになります。母音は、消えやすいのです。

神に仕え、神楽を奉じて神慮をなだめ、また、神意を伺ったり、神おろしをしたりします。

湯立てと神社

湯立ては、神事の一つで、神前で湯を沸かし、巫女・神職などが、その熱湯に笹の葉を浸して、自分の身や参拝人にふりかけるもので、禊ぎの一種です。

禊ぎ（みそぎ）は、身につく罪や穢れを祓ったり、重大な神事等に従う前に、川や海で身を洗い清めることを言います。

湯立ては、後に神様に祈って正否や吉凶を占うウケイともなり、湯の音で占いもするようになります。

ここでは、湯立てに関係する神社として、保呂羽山の波宇志別神社を紹介します。

○保呂羽（ほろわ）山〈波宇志別神社が在る所〉

poro（大事な）-pa（山の頭・山頂）＝（ポロパ『大事な山の頭』）

「山頂は、神様が降臨される大切な場所」

○波宇志別（はうしわけ）神社

pa（湯気）-usi（つける・塗る）-wa（～ので）-ke（撒く）＝（パウシワケ『湯気つけるので撒く』）

「湯気をつけるためにまき散らす」

この「湯気を付けるためにまき散らす」という行為は、湯立て神楽〈霜月神楽〉で行う禊ぎのことを表しています。

波宇志別神社は、湯で禊ぎを行う神社だと言っています。

湯立て神楽（湯神楽）は、湯立ての神事に伴う神楽で霜月神楽と同意語です。霜月（陰暦十一月〈季語＝冬〉）に行われる神楽を差します。

神楽（かぐら）は、神社の祭儀で奏する歌舞のことで「かみあそび」とも言われ、神様を慰めるために行われます。

この波宇志別（はうしわけ）神社舞殿の近くには「十二の木」という地名があります。

マタギ達は、山の神様のことを十二（じゅうに）様とも言います。

○十二様

syu（鍋）-un（にある・入れる・～の）-yu（湯）-ni〈湯を〉飲む・すする・吸う）-i（もの）＝（シュンユニ『鍋の湯を飲むもの』）

「鍋で沸かした湯を飲む者＝山の神様」

人々は、鍋で沸かした湯が、湯気を立てながら、いつの間にか減っていくという現象を、科学的に理解することができず、湯が、湯気を立ち上げ減っていく様子から、誰かが吸い上げているのではないかと考えたようです。

それは、私達には見えない存在である事から、カミ（姿の見えないもの）ではないか、いや、それに違いない。と考えるようになっていったと推測されます。

また、神様が好んで飲む湯は、私達にとっても利益をもたらすものではないか。とも考え、湯立てだけでなく「湯飲み」や「湯浴み」という行為も、神様に繋がる大切な事として扱われるようになったのでしょう。

◇十二ノ木（じゅうにのき）〈保呂羽山の近く〉
syu（鍋）-un（～の）-yu（湯）-ni（〈湯を〉飲む）-i（もの＝神・それ）-un（住む・いる）-not-kiri（突出した山）
＝（シュンユニンノッキリ『鍋の湯を飲む者いる、突出した山』）
「山の神様がいらっしゃる山〈保呂羽山〉」

神社の名称

ここからは、神社の名称が持つと思われる意味を、いくつか紹介します。

○大物忌（おおものいみ）神社
矢島にある木境神社は「木境大物忌神社」と呼ばれます。ここでは「虫除け祭り」が有名です。

大物忌は、伊勢神宮の祭儀では、まだ汚れを知らぬ少女神官を指し、朝夕の大御飯（おおみけ〈天照大神の食事〉）に奉仕する任務を持つとされています。

大物忌神は、このように慎んで対する極めて畏（かしこき）神として祭られています。木境では、山の神様が、春になると山を下りて、田の神様となると考えられています。大物忌神社は、鳥海山に降臨する山の神様を、田の神様として信仰してきた神社です。

大物忌神社の「大」の持つ意味は「尊敬・賛美・重要」というものです。「物」は「仏・神・鬼・魂など霊妙な作用をもたらす存在」を意味します。「忌」は「神事に慎む〈用心する・過ちが無いようにする〉こと・心身を清浄に保ち慎むこと」を意味します。

以上のことから、大物忌神社は「崇高なる神様を祭る儀礼に、過ちが無いようにする神社」となります。

この神社の名称は、漢字の音（表音文字）ではなく、漢字の意味から名付けられたものです。つまり、漢字が伝来した後に発生した名称。ということでしょう。

ただ、この後紹介する神社は、全て表音文字でできているようです。
○古四王（こしおう）神社〈雄物川沿い：大曲〉
kot（川の凹んだ跡）-si（それ・～の）-o（末端）-or（の所・の中）＝（コッシオオロ『川の凹んだ跡地の末端の所』）
「旧雄物川が形作った凹んだ跡地の端の所」
○三吉（みよし）神社
mu（詰まる）-iyun（詰まる・つかえる）-usi（いつも～している所）＝（ムイユンウシ『詰まって、いつもつかえる所』）
「大水の度に、流れが滞りつかえる所」
○唐松（からまつ）神社〈淀川沿い：協和〉
kat（姿・様子）-ra（下の方・低い所）-mu（詰まる）-ma（て・して）-tuk（伸びる）＝（カッラムマドㇰ『様子低い所、詰まって伸びる』）
「低く見える、淀川の流れが詰まって伸び出た所」
この神社は、鳥居をくぐると、ずっと下りになる淀川沿いの一番低い所にあります。淀川対岸には、舞い殿（神楽殿）がありますから、対岸の山が、神様が降臨される場所なのかも知れません。
○熊野（くまの）神社
kuma（乾し棚のように横に広がった山）-nu（側・の方にある）＝（クマヌ『乾し棚のように横に広がった山の方にある』）
「なだらかな山並みが、横に連なる所」
○伊勢（いせ）神宮
iru（一続きである・連なる）-sep（広い・幅がある・広くなる）＝（イルセㇷ『一続きで広い』）
「高台の連なる広い所」
この伊勢という音の入った地名に、伊勢堂岱（いせどうたい）があります。
◇伊勢堂岱（北秋田市）
iru（一続きである・連なる）-sep（広い・幅がある）-tu（峰〈山頂〉・岬〈水辺に突き出した陸地の端・先〉）-o（にある・それ）-tay（川岸の緩やかな平地）＝（イルセㇷ゚ドオタイ『一続きで広い峰にある、川岸の緩やかな平地』）
「繋がった幅広い山の頂は、川岸の緩やかな平地」
北秋田市に位置する伊勢堂岱遺跡は、縄文時代後期の祭祀の痕跡を残す貴重な遺跡で、四つの環状列石と墓・建物跡が見つかっています。
○金峰（きんぽう）神社

kim（比較的低い山）-pok（下・裏）＝（キムポク『比較的低い山の下』）

「比較的低い山の下」

○大倉（おおくら）神社

o（尻・末端）-or（そこ・の所）-kur（姿）-at（立つ）＝（オオックラッ『山尻の所、姿立つ』）

「山尻が、立ち上がった所」

○八幡（はちまん）神社

pa（山の頭・山頂）-ci（それ）-mu（詰まる）-ma（して・て）-un（いる・ある）＝（パチムマウン『山の頭、それ詰まってある』）

「山の頭が集まった所」

○愛宕（あたご）神社

a（強意）-tapkop（小山・辺りから見て目立つ山）＝（アタプコプ『とても辺りから見て目立つ山』）

「辺りから、はっきり見える山」

○諏訪（すわ）神社

sut（根元・麓）-wa（縁〈フチ・ヘリ〉・岸）＝（スワ『麓の縁』）

「山の麓の縁」

○三上（みかみ）神社〈由利本荘鮎瀬〉

muy（森）-kamu（被さる）-hi（所）＝（ムイカムヒ『森被さる所』）

「森が迫る所」

○御嶽（みたけ）神社〈由利本荘鮎瀬等〉

muy（森）-tarak（凸）-ke（〜の所）＝（ムイタラッケ『森凸の所』）

「森が、手前に突き出ている所」

ほとんどの神社の名称は、神社が建っている場所を示しているようで、そこからは、多くの神社は、山の縁や山の上に位置し、山の神様との関係で存在していることが分かります。

最後に、神社の拝殿に向かい、私達は手を合わせて願掛けをしますが、その行為「拝み（おがみ）」は、次のような意味を持ちます。

◇拝み

o-unu（つがう・二つの物が組み合う）-kamuy（神）＝（オウヌカムイ『つがう神』）

「神と合体すること」

手を合わせる仕草は、神と合体することを願う姿を表しています。つまり、神のお力に頼る姿を表しているのです。

山の神様は、人間の意識の中では常にそばにいながらも、決して見ることのできない存在です。それは、おごりを許さず、恐れることの大切さを教える存在でもあります。

また、食べ物を生み出す山の神様に感謝する心は、自然と供に生きようとする心、生き物を慈しむ心を育んできました。

山の神様を意識する人々は、そのことにより、自らの人間性を高めてきました。日本人の心は、こうして形作られてきたのでしょう。

ナマハゲという音

○ナマハゲとヤマハギ〈※ゲとギは、鼻音〉

「あきたの言葉〈秋田県教育委員会〉」では「ヤマハギはナマハゲとして一般に知られている」とされています。

このナマハゲが使用されている主な地域は、男鹿市・秋田市雄和椿川・秋田市雄和平尾鳥・秋田市豊岩等です。

ヤマハギが使用されている主な地域は、ナマハゲが使用されている地域に、にかほ市象潟小滝が加わります。

地域としての特徴は、男鹿半島から金浦地区までの海沿いや、雄物川及び八郎潟の岸辺に集中していることです。特に男鹿半島に集中しています。他の地域は、男鹿から船で行ける場所のようにも見えます。

○ナマハゲ

nam（冷たい）-ma（て・して〈状態にあって・の状態で・原因理由となって〉）-at（立つ〈ある場所にあったものがそこから目立って動く〉）-pa（山の頭・山頂）-ke（の人・のもの）＝（ナムマアッパゲ『冷たくなって立つ、山の頭の者』）

「寒くなると動き出す〈山から下りて来る〉、山に住む者〈真山を含む男鹿の山間に住む者?〉」

◇ヤマハギ

yam（冷たい・冷たくなる）-ma（て・して〈状態にあって・の状態で・原因理由となって〉）-at（立つ）-pa（山の頭・山頂）-iki（する・行動する・働く）-y（もの）＝（ヤムマアッパイキイ『冷たくなって立つ、山の頭で行動する者』）

「寒くなると動き出す〈山から下りて来る〉、山で暮らす者」

○ヤマハゲ〈秋田市豊岩〉

yam（冷たい・冷たくなる）-ma（て・して〈状態にあって・の状態で・原因理由となって〉）-at（立つ〈ある場

所にあったものがそこから目立って動く〉）-pa（山の頭・山頂）-ke（の人・のもの）＝（ヤムマアッパケ『冷たくなって立つ、山の頭の人』）

「冷たい季節になると動き出す〈山から下りてくる〉山の頂の人」

秋田市豊岩地区では、ヤマハギと同意で使われて来ました。

以上のことから、名称は、ヤマハギ⇓ヤマハゲ＝ナマハゲという順番で変化したのではないか。と思いました。

○nam（冷たい）の入った言葉

ナマハゲにあるnam（冷たい）という音の入った言葉には、次のようなものがあります。

生（なま）

---

nam（冷たい）-ma（て・して〈状態で〉）-un（ある）＝（ナムマン『冷たい状態である』）

涙（なみだ）

---

nam（冷たい）-hi（して・様子）-tak（玉・塊）＝（ナムヒタク『冷たくて玉』）

なまる（力・技量・勢いなどがにぶくなる）

---

nam（冷たい）-ma（て・して〈状態で〉）-un（ある）-ruwe（こと）＝（ナムマンルウエ『冷たい状態である事〈動きが鈍る〉』）

悲しい

---

kat（様子・姿）-nam（冷たい）-si（本当に〈心からそう思っている様〉）-hi（の・のよう）＝（カッナムシヒ『様子冷たい本当に、のよう』）

「死んでしまって冷たいと、心からそう思っている様のよう」

ナマズ

---

nam（冷たい）-ma（て・して〈状態にあって・の状態で・原因理由となって〉）-awn（入る・入り込む）-suy（〈水の〉穴）＝（ナムマンスイ『冷たくして入り込む水の穴』）

「冷たい水が染み出る横穴に住む魚」

ナメコ〈きのこ〉

nam（冷たい）-e（させる・する）-〈o〉kot（くっついている）＝（ナメ〈オ〉コッ『冷たくしてくっついている』）

「冷たくなってくっついている茸」

◇ナメタケ〈きのこ〉

nam（冷たい）-e（させる・する）-tak（塊）-e（させる・する）＝（ナメタケ『冷たくして固まらせる』）

「冷たくなって固まりになる」

　ナマハゲと同じ意味を持つヤマハゲにあるyamは、namより古い音とされています。

　このyam（冷たい・冷たくなる）の入った言葉には、次のような物があります。

ヤマセ（夏、北海道や東北地方の太平洋側に吹く東寄りの冷湿な風・凶作風・餓死風）

yam（冷たい・冷たくなる）-ma（て・して〈状態にあって・の状態で・原因理由となって〉）-as（〈風が〉吹く）-se（の状態を成す・状の）＝（ヤムマッセ『冷たくなって吹く状態をなす』）

「冷たい風が吹いている」

闇（やみ）

yam（冷たい・冷たくなる）-mu（塞がる）-hi（様子・所）＝（ヤッムヒ『冷たくなって塞がる所』）

「ひんやりする日影の所」

暗闇は「kut（崖）-raw（底）-hi（の様）-yam（冷たい）-mu（塞がる）-hi（様子・所）＝（崖の底の様で、冷たい日の差さない所）」

ヒャッコイ・ハッコイ（冷たい＝秋田弁）

hi（様子）-yam（冷たい・冷たくなる）-kot（くっつく・くっついている）-i（所・それ・もの）＝（ヒヤムコッイ『様子冷たい、くっつく所』）

「触れると冷たい様」

シャッコイ（冷たい＝秋田弁）

si（本当に）-yam（冷たい・冷たくなる）-kot（くっつく・くっついている）-i（所・それ・もの）＝（シヤムコッイ『本当に冷たい くっつく所』）

「触れると、とても冷たい様」

寒い

si（本当に）-yam（冷たい・冷たくなる）-hi（所・様子・頃）＝（シヤムヒ『本当に冷たい 様子』）
「とても冷たい様」

冷やす

hi（様子）-yam（冷たい・冷たくなる）-us（ある・いる）＝（ヒヤムㇲ『様子冷たくなっている』）
「冷たくなっていること・冷たくなりつつある」

嫌み（いやみ）〈相手に不快感を抱かせる言動〉

i＝（私に〈人称接辞〉）-yam（冷たい・冷たくなる）-i（こと）＝（イヤミ『私に冷たいこと』）
「人情に薄く冷淡であること」

嫌がらせ（いやがらせ）

i＝（私に〈人称接辞〉）-yam（冷たい・冷たくなる）-kar（する）-se（の状態をなす）＝（イヤㇺカラセ『私に冷たくする状態を成す』）
「人情に薄く冷淡になっていること」

ナマハゲ行事

ここからは、ナマハゲ行事に関係する内容を紹介します。

○柴灯（せど）祭り

これは、伝統的なナマハゲ行事と真山神社の柴灯祭（さいとうさい）を統合させて、昭和三九年に誕生した新しい祭りです。

○真山神社の柴灯祭（さいとうさい）

正月三日の夕刻、境内に柴灯を焚き、この火によってあぶられた大餅を、お山に鎮座する山の神様に献じて、その年の村内安全・五穀豊穣・大漁満足・悪疫除去を祈る祭儀です。

柴灯（さいとう）は、神仏に供える灯明（御明かし）として焚く柴火（しばび）のことです。

真山神社縁起によると、なまはげは、真山に鎮座する神の使者〈神鬼〉の化身として扱われています。長治年間（一一〇四年二月一〇日～一一〇六年四月九日〈平安時代〉）より行われてきたとのことです。

六群祭時記〈近世・江戸時代中期〉には、「正月三日の晩、柴灯堂で三升の餅米で作った丸餅を焼き、太鼓ホラ貝が鳴り響く中、窓の外へ投げると、神鬼がこれを持ち去る」という記録が残っている。とのことです。

○現在の柴灯祭（さいとうさい）

当日、境内に、その日切り出された護摩木（松の木）を焚きます。

夕刻、真山地区の氏子が拝殿に集まり、宮司の祝詞（のりと）の奏上が行われ、その後、餅が氏子により、柴灯火のもとへ運ばれ焼かれます。

招福の豆まきが終わると、境内にホラ貝が鳴り響きます。すると、ナマハゲが山から下りてきて、柴灯火のまわりを三周し、宮司から護摩餅を受け取り山に帰っていきます。

その後、ナマハゲが持って行った餅を切って、御護符として、氏子や見学者に渡される。とのことです。

○ナモミハギとナマハゲを同等と見なす考え方

「男鹿のナマハゲ重要無形文化財：男鹿市教育委員会」によると、文政五年（一八二二年）菅江真澄が記した「菅江真澄遊覧記」の中の「牡鹿乃寒かぜ」において、文化八年一月一五日に行われた秋田の小正月行事「ナモミハギ」が記されたのが、文献による初出だとのことです。

○ナモミとナマハゲとの関係を示す説

冬に囲炉裏にあたっていると、手足に「ナマミ」「アマ」と呼ばれる低温火傷（温熱性紅斑）ができることがあります。

「それを剥いで、怠け者を懲らしめ、災いを払い、祝福を与える」という意味での「ナモミ剥ぎ」から「なまはげ」「アマハゲ」「アマメハギ」「ナモミハギ」と呼ばれるようになった。とする考え方です。

この文をじっくり読むと、最初の、意味を説明する文脈の連動性に不安を感じます。

この中にヤマハギ・ヤマハゲは含まれていません。つまり、より古い音は、含まれていないのです。

「あきたの言葉〈秋田県教育委員会〉」では、ナモミは、方言で「ナゴミ・ナゴメ・ナモメ・マゴメ」とも呼ばれる。とあります。

標準語では「アマメ・ヒダコ」といい、広辞苑では、アマメの説明として「フナムシ・アブラムシ」とあります。おそらく、その形から生まれた名称だと思われます。

ナモミハギのハギという音は、次のような意味を持ちます。

pa（頭・上の方）-ke（剥ぐ）-i（こと）＝（パケイ『上の方剥ぐこと』）

「上の方〈表皮〉を剥ぐこと」

音の変化は、「パケイ⇓ハケイ⇓ハギ」となるのでしょう。

それでは、標準語のアマメと「あきたの言葉〈秋田県教育委員会〉」にあるナモミ・・ナゴミ・ナゴメ・ナモメ・マゴメ等について、その意味を調べてみましょう。

アマメ

a（燃える）-ma（して・て）-mu（詰まる・塞がる）-e（させる・する）＝（アマムエ『燃えて塞がらせる』）

「〈火傷で〉かさぶたになる所」

※瘡蓋（かさぶた）＝ka（上に）-sara（現れる）-puta（ふた）＝（カサラプタ『上に現れるふた』）＝「表面にできる蓋」

ナモミ

na（さらに・もう少し）-at（立つ〈高く現れる〉）-mo（小さい）-mu（塞がる）-i（もの）＝（ナッモムイ『もう少し立つ、小さな塞がるもの』）

「〈火傷で〉少し盛り上がる小さなかさぶた」

ナゴミ

na（さらに・もう少し）-at（立つ〈高く現れる〉）-ko（そこ・そこに・それに対して）-mu（塞がる）-i（もの）＝（ナッコムイ『もう少し立つ、そこに塞がるもの』）

「〈火傷で〉少し盛り上がったかさぶた」

ナゴメ

na（さらに・もう少し）-at（立つ〈高く現れる〉）-ko（そこ・そこに・それに対して）-mu（塞がる）-e（させる・する）＝（ナッコムエ『もう少し立つ、そこ塞がらせる』）

「〈火傷で〉少し盛り上がったかさぶた」

ナモメ

na（さらに・もう少し）-at（立つ〈高く現れる〉）-mo（小さい）-mu（塞がる）-e（させる・する）＝（ナッモムエ『もう少し立つ、小さく塞がらせる』）

「〈火傷で〉少し盛り上がった小さなかさぶた」

マゴメ

ma（焼く）-ko（そこ・そこに）-mu（塞がる）-e（させる・する）＝（マコムエ『焼くそこ 塞がらせる』）
「火傷でできたかさぶた」

ここまでの説明でおわかりのように、以上、全て瘡蓋を表す言葉です。

また、にかほ市には、アマハゲとアマノハギという呼び名があります。

○アマハゲ〈にかほ市金浦町〉
＝an（人称接辞：私・私達）-ma（焼く）-pa（頭・上の方）-ke（剥ぐ）＝（アンマパケ『私、焼く上の方剥ぐ』）
「火傷したかさぶたを剥ぐ」

○アマノハギ〈にかほ市象潟町小滝〉
＝an（人称接辞：私・私達）-ma（焼く）-nu（側〈面〉）-pa（頭・上の方）-ke（剥ぐ）-i（こと）＝（アンマヌオパケイ『私、焼く側、上の方剥ぐこと』）
「火傷した面のかさぶたを剥ぐこと」

以上のことから、ここで取り上げた名称は、全て火傷でできた瘡蓋を示していることが分かります。

ここまで分かったことを元に整理すると、次のようになります。

○ナマハゲ＝ヤマハゲ＝ヤマハギ
冬になると下りてくる山の頭の人〈真山を含む山岳地帯に住む人〉

○ナモミハギ＝アマハゲ＝アマノハギ
火傷でできた小さなかさぶたを剥ぐこと

このように、古い音に戻して言葉の意味を探ってみると、全く違った意味である可能性がうかがえます。

ここで推測できることは、言葉を構成する音が近いことから、ナマハゲとナモミハギが重なり、同じ意味をもつ言葉として、考えられるようになったのではないか。ということでした。

ナマハゲ行事は、真山に住むナマハゲ（神鬼）を家に招き入れることで、家内安全・悪疫除去を祈る行事として、始まったのではないかと思われます。

ナマハゲは、大声を上げながら山から家に向かい、木戸を激しく叩きながら家に入ると、さらに大声を張り上げたり、障子や襖を、音を立てて荒々しく開けたり、床をどんどん踏みならしたりするなど、大きな音を出すことで、家にいる悪霊や物の怪を追い払うという所作から始まり、そこへ、現在のような子供への関わりが、加味され継承されているのではないでしょうか。

大きな音や声で、悪霊や物の怪を取り払うという所作は、祓えや祭りに、太鼓や鉦を賑やかに鳴り響かせる場面が必ずあることや、大声を上げて祈祷するという所作があることにも繋がり、古来から、悪霊退散のための大きな手立てとして、取り扱われてきたと推測されます。

そのため、家主は、頃合いを見計らい、悪霊や物の怪が、すっかり取り払われ安泰となったとして、感謝の意を込め、ナマハゲに酒や肴を振る舞い、歓待してきたのではないでしょうか。

多くの場合、最後に餅をもたせるという風習があることは、柴灯祭との関係を思わせます。

○ナマハゲの赤面と青面

ナマハゲの面には、赤面と青面があります。それは、なぜでしょうか。

私は、その原因は、秋田城址近くに住んだとされる粛慎人が、もとになっているのではないか。と思っています。

粛眞（しゅくしん）は、北方白人のことです。

続日本紀〈宝亀一一年八月条（七八〇年）〉にある記録「狄（てき）＝粛慎人＝秋田城近くにあった志良須村に住んでいたとされる）」に関係して「日本人の名字とその起源〈批評社〉」の著者宮内則雄氏は、その記述の中で「大和朝廷は、粛慎人を狄（えびす）＝日本海の蝦夷と蔑称し、赤い髪の毛は赤鬼・青い瞳は青鬼と伝承した」と述べています。

粛慎人を指す言葉には、（狄＝えびす）（夷狄＝いてき）（蝦狄＝えみし）等があり、東夷や蝦夷と区別するため（北狄＝ほくてき）の「狄」を使い、北方の異人という意味で使用しています。

これは、中華思想にある、自らは世界の中央に位置する文化国家で、周囲には、文化に遅れた各民族、東夷・西戎・南蛮・北狄が位置する。という考方から来ています。

○志良須（シラス）村のシラスという音

sir（山）-ra（下・下の方）-usu（湾・湾内）＝（シッラウス『山、下の方湾』）

「山の下の方が、湾になっている所」

この意味の通りだとすると、船川という地名が持つ意味に、重なるような気になります。

○船川（ふながわ）〈下の方は湾になっている〉

pumina（岩崖）-un（〜の）-ka-un（上にある）-wa（縁）＝（フムナンカンワ『岩崖の上にある縁』）

「海沿いに続く岩崖の上の縁」

○男鹿（おが）〈下の方は湾になっている〉

o（尻・末端）（-un〈にある・の〉）-ka（上・上辺）＝（オンカ『山尻の上辺』）

「山尻の上の辺り」男鹿駅のある船川辺り？

船川と呼ばれる高台の下はすぐ海で、秋田方面から続く大きな湾になっています。

シラス村のようなものが男鹿にあったとすれば、そこに住む粛慎人が、ナマハゲのモデルになった可能性はないのだろうか。という疑問が出て来ます。

嘉永六年（一八五三年）ペリーが浦賀に入港した折、その姿を見て、日本人の絵師が描いたものには、まるでナマハゲのような容貌で描かれているものもありました。白人は、そのように見えたのかも知れません。

このことから、粛慎人の末裔が、柴灯祭の初期において、神鬼の役割を担っていたのではないか。という思いがわいてきました。

その後、粛慎人が絶えてからは、その代わりとして、赤面と青面が使用されるようになったのではないでしょうか。

○鬼（オニ）という音がもつ意味

o（尻・末端）-un（住む・の）-y（もの）＝（オンニイ『末端住む者』）

「朝廷側から見て、世界の果てに住む民」

当時、東北に住む粛慎人は、朝廷側から見て北の果ての住人であることから、我々の祖先と同じように、オニとしての存在価値を持っていたことでしょう。

そして、その容貌は、髪の毛は赤く、瞳は青いというように、大和の民とは、全く違った特徴を持っていました。

もしかしたら、モモタロウの伝承は、船で東征した阿倍比羅夫（六五八年頃、日本海沿岸の蝦夷〈エゾ〉・粛慎〈ミシハセ〉を討つ）と共にやってきた家来が、佐渡島や男鹿島での手柄を伝承した話。という考え方もできそうで、おもしろいと思いました。

男鹿で暮らす粛慎人は、地域の人々と交流する中、山の神信仰と結びつくことで、男鹿の山中に住む山の神様の使い神鬼として、認められるようになっていったのかも知れません。この辺りは、稲荷神社とキツネとの関係に似ていません。

ます。

粛慎人は、冬になると食料を求めて姿を現すことから、ナマハゲ（冬になると山中から姿を現す神鬼）として知られるようになり、それが、現在のナマハゲ行事の基盤となったのではないでしょうか。

ここで思う事は、ナマハゲもナモミハギも、真山を中心とした祭儀に関係しているように見える。ということです

山の神様の元よりやってくる神鬼は、来訪神として、人々の心のよりどころとなり、人々が、よりよく生きる為の、要となってきたのではないでしょうか。

その中の具体的な例として、冬場囲炉裏のそばを離れない怠け者を諭す。という形で表現されたり、子供の成長を正す。という形が取り込まれたりしてきたのではないかと推測されます。

叱る（シカル）という音の並びは「子供を正すこと」という意味をもっています。

最後に、ここで私が行ったナマハゲについての考察は、今ある資料を基に、私が、思い描いたものです。決して、説を断定するつもりはありません。

ただ、ナマハゲのように、発祥が定かでないものについては、あらゆる方面から、探究してみることが必要です。

ここまで述べてきたことは、私のもつ古代の言葉に関わる研究成果を絡めた、一考察に過ぎません。色々ある説の中の一つの可能性として、受け止めて頂けたら幸いです。

ところで、粛慎人（北方白人）に関係してのことですが、秋田には、秋田犬がいます。この犬は、血液型はA型（ヨーロッパ犬と同じ）で、日本にいる犬で、この血液型なのは、北海道犬と秋田犬だけだそうです。

以前は、マタギ犬として、奥羽山脈一帯で活動していました。

もしかしたら、秋田犬は、遙か昔、粛慎人が、連れてきた可能性も否定できません。

さらに、秋田美人や新潟美人と称される存在にも、粛慎人の影響があるのではないかと、思ったりしています。

日常使用している名称

このコーナーでは「身の回りにある様々な名称は、なぜ、そう呼ばれるようになったのか」を紹介します。

◎一日の移り変わりを表す言葉

古代、昼間を中心とした時の表現は「朝⇓昼⇓夕」でした。

朝（あさ）〈夜明けからしばらくの間〉

a（燃える）-sara（現れる）＝（アサラ『燃えて現れる』）
「〈太陽が〉光を放って現れる」

朝焼けと共に現れる太陽を見ての、イメージではないでしょうか。

アイヌ語では、朝のことをクンネイワと言います。

kunne（暗い・真っ暗だ・夜）-iwak（帰る）＝（クンネイワク『夜が帰る』）
「夜が明ける」

朝日（あさひ）は、a（燃える）-sara（現れる）-ihy（それ〈日・太陽〉）＝（アサライヒ『燃えて現れる、それ』）で、「光を放って顔を出す日・太陽」のことを言います。

この中のihyという音の語頭にある母音i（イ）が消えて「ヒ＝日」という音ができました。それが、後に、漢字が伝わることで、日（ヒ）の他に太陽とも呼ぶようになりました。

このことに関係して、光という音は、次のような意味を持ちます。

○光（ひかり）

ihy（それ〈日・太陽〉）-kar（作る）-y（もの）＝（イヒカリ『それ作るもの』）
「太陽が作る物」

昼（ひる）

ihy（それ〈日・太陽〉）-ruy（強い・多い・激しい）＝（イヒルイ『太陽強い』）

「太陽光が強くなる頃」

昼は、太陽光に満ちた明るい時間帯を示しています。

夕（ゆう）

i（それ〈が・を〉）-un（入れる・入り込んでいる）＝（イユン『それが、入り込んでいる』）

「太陽が沈んでいく」

日が、徐々に山影や海の向こうに隠れていく頃を示しています。

次に、古代、夜間を中心とした時の表現は「夕べ ⇓ 宵 ⇓ 夜中 ⇓ あかとき ⇓ あした〈朝〉」でした。

夕べ（ゆうべ）〈日が暮れかけ、夜となろうとする頃〉

i（それ）-un（入れる・入り込んでいる）-pe（こと・もの）＝（イユンペ『それ入り込んでいること』）

「太陽が沈んでいく状態」

宵（よい）〈日が暮れて、まだ間もない時〉

i（それ〈が〉）-o（入れる・入っている）-hi（頃）＝（イヨヒ『それ（太陽）が入っている頃』）

「太陽が隠れる頃」

夜中（よなか）

i（それ〈が〉）-o（入れる・入っている）-naku（どこ）-an（ある・いる）＝（イヨナクアン『それ（太陽）が入っている、どこにある』）

「太陽が隠れて、どこにあるか分からない状態」

暁（あかつき）〈古くは、あかとき〉

aka（尾根・山の峰）-tuk（見える）-hi（頃）＝（アカトクヒ『山の峰見える頃』）

「山の峰が光に映し出される頃（夜明け）」

朝（あした〈明日〉）

asir（新しい・新たな）-ta（今）＝（アシリタ『新しい今』）

「再び明るくなった今〈朝〉」

昼間を中心とした時の表現にある朝と、夜間を中心とした時の表現にある明日は、同じ時間帯を示しています。そのためアシタは、朝とも明日とも書きます。

○夕暮れを表す言葉

日暮れ（ひぐれ）

ihy（それ〈日・太陽〉）-kur（影・下側・裏）-e（させる・する）＝（イヒクレ『太陽、影にさせる』）

「太陽が影に隠れる頃」

バンゲ（秋田弁）※ゲは鼻音

pa（頭）-un（入れる・入り込んでいる）-kes（終わり・尻の方・末端・西のはて）＝（パンケㇱ『頭入れる、西のはて』）

「太陽が西のはてに隠れる頃（夕暮れ）」

標準語の晩（ばん）は、日暮れ・夕暮れ・夕べ等、日が暮れて、夜が始まろうとする頃や、日没後、人が、まだ寝ずにいる夜の初めの方を示して使われています。

晩は、秋田弁の「パウンケㇱ」の「ケㇱ」が消えた音のようにも見えます。

◎空にあるもの

日（ひ＝太陽）

ihy（それ〈尊い物〉）

「イヒ⇒〈イが消えて〉ヒ」

古代には、神様のような尊い物や、熊や蛇のような恐ろしいものは、イ・イヒという代名詞で呼ばれていました。太陽も、そのような思いを抱く対象であったということでしょう。

○太陽を示すアイヌの言葉

◇cup（太陽・月）

ciw（流れ）-p（もの）＝（空を巡るもの）

◇トカㇷ゚チュㇷ゚＝太陽

tokap（昼）-cup（空を巡るもの）

月

tuk（伸びる・成長する）-y（もの）

「満ち欠けするもの」

音の変化　ドキ⇓ツキ

○月を示すアイヌの言葉

◇cup（太陽・月）

ciw（流れ）-p（もの）＝（空を巡るもの）

◇クンネチュプ＝月

kunne（夜）-cup（空を巡るもの）

星（ほし）

po（小さい）-si（ずっと〈続く〉）-y（もの）＝（小さい、ずっと続くもの）

「空に散らばる無数の小さい星＝満天の星」

音の変化　ポシイ⇓ホシイ⇓ホシ

○星を示すアイヌの言葉

◇ノチュー＝星

noc（多量・量が多い）-u-（みんな・互いに・お互い）

「〈天空に〉沢山あるもの」

空（そら）

so（面）-ar（全く）-a（強意）＝（ソアラ『面、全く本当に』）

「真っ平ら〈果てしない広がり〉」

このことから、驚きの声「アラッ！」は「ar（全く）-a（強意）＝全く本当にどうなってるの？！」かもしれません。

◎季節を表す言葉

春

ha（水が流れる・流出〈大水など〉）-ruy（多い・強い・激しい）＝（ハルイ『水が流れる、多い』）

「雪解け水が、流れ出す頃」

夏

na（さらに）-tuk（伸びる・成長する）＝（ナドク『さらに伸びる』）

「春にも増して、草木が伸びる頃」

秋

ar（全く〈ことごとく・全て〉）-ki（立った）-hi（頃・様子）＝（アラキヒ『全く立った頃』）

「葉を落として立ち尽くす木々が、山一面に見える頃」

冬

hum（切れ端・片）-i-o（満ちる）＝（フムイヨ『切れ端、満ちる』）

「雪に覆われる頃」

歌にある「雪やコンコン、あられやコンコン」のコンコンは、元々は、鳥の柔らかい綿毛という意味の言葉です。つまり、最初は、綿毛・羽毛のように舞い落ちる物ということでした。アイヌの人々は、綿雪という意味で使用しています。

◎天気を表す言葉

晴れ

paru（吹き飛ばす）-re（させる・られる〈使役〉）-e（そこ・そこで・それで）＝（パルレ『吹き飛ばされるそこ』）

「雲が吹き飛ばされて青空が広がること」

曇り

kur（影）-mom（流れる）-ruy（やすい・多い）＝（クルモムルイ『影流れる、多い』）

「影を作って流れるもの〈雲〉が、多くなる」

雨（あめ）

e（そこに・それで）-an（生まれる・ある）-me（寒さ）＝（エアンメ『それで生まれる寒さ』）

「〈雨が降ると〉気温が下がって寒くなる」

風（かぜ）

kar（〈木の実などを〉摘む・とる）-se（～の状態を成す・～状の）-e（させる・する）＝（カラセエ『摘み取る状態をなさせる』）

「木の枝を揺らし、木の実を摘み取っているかのようになる」

○アイヌ語で風は、ニタイカラペと言います。

nitay（森）-kar（作る）-pe（もの）＝（ニタイカラペ『森作るもの』）

「森から吹いてくる物」

虹（にじ・のじ・ぬじ）

nuy（炎）-ci（それ・そこ〈へ〉・自ら）-iru（一続きである・連ねる）＝（ヌイチル『炎、それ一続きである』）

「炎が繋がっている様に見えるもの」

氷（こおり）

kon（持つ〈korと同じ〉）-ru（とける）-i（もの）＝（コンルイ・コッルイ『持つ 溶けるもの』）

「手に持つと溶けるもの」

「雪・つらら」については「Ⅲアイヌと私達の感性の違い」で述べています。

カミナリ

kat（様子・姿）-mu（塞がる）-i（もの〈尊い者〉）-na（それ）-rik（高い所）＝（カッムイナリㇰ『姿塞がる尊いもの、それ高い所』）

「高い所にいる姿が見えない者〈雷神〉」

アイヌは、カミナリのことを、kamuy（神）-hum（音）＝（カムイフム『神の音』）と言います。

稲妻については「Ⅲアイヌと私達の感性の違い」で述べています。

霧（きり）

kim（山の方・低い山・里山）-rik（上の方へ・高い所）＝（キㇺリㇰ『山の方、上の方へ』）

「山の上の方に立ち上がる物」

靄（もや）

mom（流れる）-hi（所）-at（立つ〈高く現れる〉）＝（モㇺヒヤッ『流れる所、立つ』）

「水面から立ち上る物」

霞（かすみ）

kat（姿・様子）-sum（しなびる〈生気が衰えてしぼむ〉）-hi（こと・様子）＝（カッスㇺヒ『姿しなびる様子』）

「姿がはっきりしない様」

微細な水滴が空中に浮遊するため、空がぼんやりして遠方がはっきり見えない現象を言います。

この音が入った言葉に「霞む＝kat（姿・様子）-sum（しなびる〈生気が衰えてしぼむ〉）-un（ある・いる）＝（カッスムン『姿しなびている』）」があります。

嵐（あらし）

ar（全く・本当に）-ray（ひどく〈過酷で・甚だしく〉）-e（させる・する）-sir（天気）＝（アッライエシㇼ『全くひどくする天気』）
「これ以上ないくらいひどい天気」

吹雪（ふぶき〈元は清音フフキ〉）

fum（片・切れ端）-fum（片・切れ端）-kik（叩く・殴る）＝（フムフムキㇰ『片、片、叩く』）
「雪やあられの粒が、次々に〈顔などに〉たたきつける」

津波（つなみ）

tuk（隆起する〈盛り上がる〉・伸びる・成長する）-na（もっと・さらに）-muy（集める）＝（ドㇰナムイ『盛り上がって、さらに集める』）
「海が盛り上がって、何度も押し寄せる」

◎道具・日用品

皿（さら）

sara（現れる）-un（ある・入れる）＝（サラン『現れて入れる』）
「盛りつけたものが、露わに見える器」
このsara（現れる）の入った言葉に、民俗芸能のササラがあります。
○ササラ
sa（前）-sara（現れる）-un（所）＝（ササラン『前、現れる所』）
「行列の一番前、先払いをする人達・先払いをする楽器」
民俗芸能のササラ舞は、大名行列などで、先払いをする人達から生まれた芸能です。
楽器のササラは、音で先払いをする道具です。

椀（わん）

wa（縁）-un（ある）-p（もの）＝（ワンㇷ゚『縁あるもの』）

「縁のついている器」

ひしゃく〈ひさご〈夕顔・瓢箪・冬瓜等〉〉

hi（様子）-sak（無い）-or（内・中）＝（ヒサコロ『様子無い中』）

「夕顔・瓢箪・冬瓜などの中身をくりぬいた器」

鍋（なべ）

〈si（ずっと続く）-aka（尾根）-na（の方にある）-p（もの）〉na（それ〈魚・肉・菜等の食料〉）-un（入れる）-pe（汁）＝（ナンペ『それ入れる汁』）

「煮物を作る器」

ナベのナは、サカナ（連なる尾根の方にある物）を、差しているのでは？

古代、土器ができると、人々は、それで食べ物を煮て食べるということが多くなったのでは！と、考えました。煮ると食べやすくなるし、汁も飲めて無駄が少ない。と思われます。

釜（かま）

kama（またぐ）-p（もの）＝（カマプ『またぐもの』）

「竈にまたがる器」

薪（まき）

ma（焼く）-ki（立った）-y（もの）＝（マキイ『焼く立った物』）

「立木を切って燃やす物」

炭（すみ）

sum（しなびる〈しぼむ・しおれ弱る・形がぼやける〉）-y（もの）＝（スミ『しなびる物』）

「焼け焦げてしおれた物」

水（みず）

muy（森）-tuy（の中）＝（ムイドイ『森の中』）

「森の中にあるもの」

「水は、森林から流れ出ているもの」というとらえ方から、生まれた言葉でしょう。

火（ひ）

ape（火）＝a（燃える）-pe（もの）＝（アペ『燃える物』）

「燃えている物」

音の変化　アペ⇓〈語頭の母音アが消えて〉ペ⇓ヘェ⇓ヒ

火という音は、何かが燃えている状態から生まれました。秋田では、ヒではなく、ヘェに近い発音をする人もいるようです。

塩（しお）

sippo（塩）＝si（本当に・最も）-p（もの）-po（わずかな）＝（シッポ『本当に、ものわずかな』）

「ほんの少ししかとれない物」

明かり

a（燃える）-kar（する〈その状況・状態にある〉）-i（こと・もの）＝（アカリ『燃える、すること』）

「燃えていること・炎を上げていること」

○明るい

a（燃える）-kar（する〈その状況・状態にある〉）-ruy（強い・多い・激しい）＝（アカッルイ『燃える、する強い』）

「明明と燃えている・明明と炎を上げている」

○たき火

tak（固まり）-hi（～して）-a（燃える）-pe（もの）＝（タクヒアペ『固まりにして燃えるもの』）

「集めて火を放つ物」

音の変化　タクヒアペ⇓タキアペ⇓タキアヘェ⇓タキヘェ⇓タキビ

○松明（たいまつ）〈タキマツの音便〉

tak（固まり）-hi（～して）-ma（焼く）-tu（屑）＝（タㇰヒマド『固まりにして焼く屑』）

「割木を束にして燃やす物」

鏡（かがみ）

ka-un（表面の）-kat（姿・様子）-mu（詰まる・塞がる）-y（もの）＝（カンカッムイ『表面の、姿詰まるもの』）

「表面の所に、姿が、取り込まれているように見えるもの」

○映る（うつる）

u-（お互い・互いに）-tuk（見える）-ruwe（こと・様子）

＝（ウドㇰルウエ『互いに見えること』）
「対になって見える様・互いに見合っている様」

櫛・串（くし）

kus（通る〈達する・突き抜ける〉）-y（もの）＝（クシ『通る物』）
「髪をすくもの・突き抜ける物」
櫛は、アイヌ語では、キライと言います。
ki（シラミ）-ray（死ぬ）＝（キライ『シラミ死ぬ』）
「シラミを殺す物」

弓（ゆみ）

yupu（きつく締める・力を入れる）-mu（詰まる）-y（もの）＝（ユプムイ『きつく締める詰まるもの』）
「きつく引き締めて力を一杯に込めるもの」
音の変化　ユプムイ⇓ユフミ⇓ユミ

矢（や）

aye（矢・トゲ）＝（アイエ『矢』）
音の変化　アイエ⇓イエ　⇓イヤ⇓ヤ

槍（やり）

aye（矢・トゲ）-ri（高い・伸びている）＝（アイエリ『矢が伸びている』）
「矢の柄が伸びた物」
音の変化　アイエリ⇓イエリ⇓ヤリ

ヤス

aye（矢・棘）-us（付いている）-y（もの）＝（アイエウシ『棘付いているもの』）
「棘の付いている道具」
音の変化　アイエウシ⇓イヤウシ⇓ヤシ⇓ヤス

網（あみ）

ar（全く〈ことごとく・全て〉）-muy（集める）＝（アラムイ『全く集める』）
「ことごとく集めとる道具」

のこ（のこぎり）

no（最も・本当に・十分に）-okot（くっつく・くっつ

いている）-kiru（動かす〈位置を変える・状態を変える〉）-y（もの）＝（ノコッキルイ『十分にくっついていて動かす物』）

「ぴったりとくっついて切る道具」

斧（おの）

o（それ・それに・それで）-no（よく・十分に）-o（入れる・入っている）＝（オノオ『それ、十分に入れる』）

「刃先を、しっかり木に入れる道具」

笠・傘（かさ）

ka（上・上辺）-sam（の方へ・側〈に〉）＝（カサム『上の方へ』）

「頭の上の方へかざす道具」

籠（かご）

kat（姿・様子）-ko（そこ・そこに）-o（入れる・置く）-p（もの）＝（カッコオプ『姿、そこに入れる物』）

「そこへ入れる形をした物」

上代（奈良時代頃）「カゴ」は「コ」といいました。

ko（そこ・そこへ）-o（入れる・置く）-p（もの）＝（コオプ『そこへ入れる物』）

「入れ物」

○カコベ・カッコベ（腰に紐でくくりつける籠）〈秋田弁〉

kat（姿・様子）-ko（そこ・そこへ）-o（入れる・置く）-pe（もの）＝（カッコオペ『姿、そこへ入れる物』）

「そこへ入れる形をした物」

○ドッコ・ドッ（魚を捕る籠）〈秋田弁〉

to（湖沼・川等）-or（の中・の所）-ko（そこ・そこへ・それに対して）-o（入れる・置く）-p（もの）＝（トオッコオプ『湖沼や川の中へ入れる物』）

「湖沼や川の中に仕掛ける籠」

○コダシ（藁などをあんで作った袋）

ko（そこ・そこに）-o（入れる・置く）-p（もの）-ta（で）-usi（付ける）＝（コオプタウシ『そこにいれる物で、付ける』）

「入れ物として使う、藁などを編んで作った袋で、身につけるもの」

○ショイコ（背負子〈広辞苑〉※子は表音文字）

背中に当てて用いる長方形の枠・背負いばしご

se（背負う）-o（それ）-hi（そして）-ko（そこ・そこへ・それに対して）-o（入れる・置く）-p（もの）＝（セオヒコオプ『背負うそれ、そしてそこへ置くもの』）

「背負ってそこへ荷物を置くもの」

壺（つぼ）

tuk（伸びる・伸びている）-fup（腫れ物・腫らす）-or（中・内・所・そこ・の中・の所）＝（ドゥクフポロ『伸びて腫らす中』）

「口は細くつぼまり、下に伸びて胴のまるく膨らんだ器」

瓶（かめ）

kamu（かぶさる）-e（自動詞について他動詞を作る）＝（カムエ『かぶせる』）

「〈水や酒及び木の実等をつめて〉口にかぶせ物をする器」

鎌（かま）

kat（姿・様子）-ma（またぐ）＝（カッマ『姿、またぐ』）

「〈草などを〉またぐ形をしたもの」

錐（きり）

kiru（動かす・回す・転がす・向きを変える）-i（もの）＝（キルイ『回すもの』）

「回転させて使う道具」

杵（きね）

kik（叩く）-ne（別の物に姿形が変わる）-e（させる・する）＝（キクネエ『叩いて、別の物に姿形を変わらせる』）

「叩いて、固形物を粉にしたり、飯を餅にしたりする道具」

◇アイヌ語の杵（イユタニ）

i（それ）-uta（つく）-ni（木）＝（イユタニ『それ搗く木』）

「搗いてものをつぶす木」

臼（うす）

un（入れる）-suy（穴〈窪み〉）＝（ウンスイ『入れる穴』）

「搗く物を入れる窪み」

○アイヌ語の臼（ニス）

ni（木）-suy（穴〈窪み〉）＝（ニスイ『木の穴』）

「木の窪み」

袋（ふくろ）

fup（腫れ物・腫らす）-kur（姿）-or（の中）＝（フプクロロ『腫らす姿の中』）

「ふくらまして、中に物を入れる道具」

○ふくれる

fup（腫れ物・腫らす）-kur（姿）-e（させる・する）-ruwe（こと）＝（フプクレルウエ『腫らす姿にすること』）

「腫らしていること」

鉋（かんな）

ka-un（上にある・表面の）-na（方向を表す）＝（カンナ『表面の方』）

「表面で使う道具」

○現代語の例〈鉋（かんな）〉

材木の面を削ってなめらかにする道具

材木の表面を加工する道具という意味で、名付けられたのではないでしょうか。

○アイヌ語でカンナは「上」という意味で使用されています。

鏝（こて）

kote（つける・結わえる・つなぐ）｛〈o〉kot（くっつく・くっついている）－e（自動詞に継続して他動詞を構成する）｝＝（コテ『くっつける』）

「土・漆喰などを塗る道具」

はんだ付けなどに用いる、様々の焼きごてもあります。

○固定（こてい）〈一所に定まって移動しないこと〉

kote（つける・結わえる・つなぐ）-hi（したまま）＝（つけたまま）

○アイヌ語のkote（つける・結わえる・つなぐ）を使った例。

umma（馬）-sir（図体）-kote（つなぐ・つける・結わえる）＝（ウンマシリコテ『馬をつなぐ』）

アイヌも私達も「つなぐ・くっつける」というような意味合いで使用しています。

徳利（とくり）

tok（トク〈擬音〉）-kut（喉〈声や音の出る所としての〉）

-ri（伸びている・高い）＝（トククリ『トク、喉、伸びている』）

「トクトクと音が出る、喉が上に伸びている器」

「とっくり」とも言います。

○現代語の使用例

陶製・金属製、もしくはガラス製の細く高く、口のすぼんだ器

酒・醤油・酢などを入れておく器

○アイヌ語（tokkuri）

tokkuri（トックリ）＝瓶（びん）

瓶＝陶・ガラス・金属などでつくり、主に液体を入れておく容器

蓋（ふた）

pus（浮き上がる・はじける・跳ね出る）-ta（そこ・打つ）＝（プㇱタ『浮き上がる、打つ』）

「蒸気の力で浮き上がり、鍋などを叩いて音を出すもの」

○現代語

容器や箱などの口・穴を覆いふさぐもの

私達は、蓋が、蒸気で浮き上がるという現象は知っていますが、そういうものというとらえ方はしていません。

○アイヌ語（puta〈プタ〉）

◎施設

家（うち）

u-（お互い・互いに・みんな）-un（住む・いる）-usi（いつも～している所）＝（ウウンウシ『互いに、いつも住んでいる所』）

「家族の暮らす所」

ウチは「氏（うじ）＝一族」に繋がる言葉だと思われます。

○家（いえ）

ir（身内・〈血が〉繋がっている）-he（自ら・自分自身・自分から）-e（そこ・そこに）-un（住む・いる）＝（イㇼへエウン『身内、自分自身、そこに住む』）

「身内と私が暮らす所」

道（みち）

mu（詰まる・塞がる）-i（所）-ci（固まってある・継続する）＝（ムイチ『詰まる所、継続する』）

「川沿いに、土砂の溜まったなだらかな所が続く所」

庭（にわ）

ni（木）-iru（一続きである・連ねる）-wa（縁）＝（ニイルワ『木を連ねる縁』）

「立木や杭で囲まれた土地」

橋（はし）

pa（向こう側〈超えた所・離れた所〉）-us（付いている）-y（もの）＝（パウシ『向こう側に付いているもの』）

「超えた所に繋がっているもの」

港（みなと）

muy（湾・浜）-na（～の方にある・の）-tom（中・内）＝（ムイナトㇺ『湾の内』）

「湾内の舟を留め置く所」

○yanto＝（ヤント『客・泊り』〈アイヌ語〉）

yan（陸へ上がる・陸へ寄る）〈muy（湾・浜）-na（～の方にある・の）-〉-tom（中・内）＝（ヤントㇺ『陸へ上がる、〈湾の〉内』）

「陸に上がる、船を留め置く湾内の所」

ムイナ（湾の）という音が、省略されています。

○泊まり（とまり）

〈muy（湾・浜）-na（～の方にある・の）-〉tom（中・内）-ari（置く）＝（トマリ『内、置く』）

「舟を留め置く湾内の所」

「泊まり」も、ムイナ（湾の）という音が、省略されています。

広辞苑にある「泊まり」の持つ意味は、次の通りです。

・船の泊まること・船の泊まる所・港・船着き場・泊まる所・宿屋

墓（はか）

haru（供物）-ka-un（上にある）＝（ハルカン『供物が上にある』）

「供物を供えた所」

本来、墓は、墓石のある所という事ではなく、土の中に葬られた遺骸の上に、供物を捧げてある情景を示しています。亡くなった人が、お腹をすかせているのではないかという、思いやりから生まれた行為かも知れません。

ここに出てきたharuという音は、供物の他に「食べ物〈食草〉・穀物という意味も持ちます。

沖縄では、お百姓さんのことを、ハルサー＝haru（食べ物〈食草〉・穀物・供物）-usa（いろいろ）-un＝（私に・私達に）＝（ハルウサウン『食べ物色々、私達に』）で「色々な作物を作ってくれる人」と言っているようです。

また、沖縄でハルは、墓だけでなく、畑という意味でも用いられてきました。

○畑（はた・はたけ）

haru（食草・穀物）-tak（〈求め〉とる）-e（させる・する）＝（ハルタケ『食草・穀物とらせる』）

「野菜や雑穀を収穫する所」

ただ、地名の中にある畑（はた・はたけ）の場合は、pata（上）-ke（の所）で「上の所」という意味の音のようです。

◎生活用語

話し

haw（声・音・言葉）-na（それ）-si（自らの）-hi（こと〈言ったり考えたり行ったりする中身〉）＝（ハウナシヒ『言葉それ自らのこと』）

「自分の気持ちを表した言葉」

思い

or（内・中）-mo（静か・静かな）-un（〈に〉ある）-hi（こと）＝（オロモンイ『内に静かにある事』）

「心の内に静かにある描写や言葉」

○思い出

or（内・中）-mo（静か・静かな）-un（〈に〉ある）-hi（こと）-tek（みたいなもの・の様）＝（オロモンヒテㇰ『内に静かにあること、みたいな物』）

「心の内に静かにある描写や言葉の様な物」

病（やまい）

yam（栗）-un（の）-ay（とげ）-un（ある・入り込んでいる）＝（ヤムンアイ『栗のとげ入り込んでいる』）

「栗のとげが刺さったように痛むこと」

○病む

yam（栗）-un（ある・入り込んでいる）＝（ヤムン『栗〈のとげが〉入り込んでいる』）

「栗のとげが〈体の中に〉ある〈栗の棘が刺さったように痛むこと〉」

腹が病むは、腹の中に栗のとげが刺さったように痛むとなります。

◇痛い（いたい）

i（私を）-ta（切る・打つ）-hi（のよう、様子）＝（イタヒ『私を打つ様子』）

「打たれた時の様」

他に「いたた！」という表現もあります。

i（私を）-tata（かじる）＝（イタタ『私を、かじる』）

猟（りょう）

ri（動物の皮を剥ぐ）-iwor（猟場）＝（リイオロ『動物の皮を剥ぐ猟場』）

「獲物を捕って、その場で皮を剥ぐこと」

これは「獲物を捕ったときは、必要な物は持ち帰るが、そうでないもの（毛皮や臓物等）は、他の動物たちのために残しておく」という考え方が元になっているのではないか？と思われます。

マタギに伝わるケボカイは、まさに、猟本来のあり様を現在まで継承する営みです。

○ケボカイ

kep（剥ぐ）-horka（逆さ）-un（～の）-y（もの）＝（ケプホロカンイ『皮を剥ぐ仰向けにした物〈獲物〉』）

「猟場で、捕獲した獲物を仰向けにして皮を剥ぐとき、神に感謝する儀式」

狩り

kar（採る・摘む）-i（こと）＝（カリ『採ること』）

「動物や植物を手に入れること」

草刈り・稲刈り等に使われるカリという音も同じです。

獲物（えもの）

e（食べる・食う）-mono（静かに・静粛）-o（〈に〉ある）-p（もの）＝（エモノプ『食べる、静かにあるもの』）

「食べ物」

「静かにある」とは、知覚や精神をもたない存在＝物体を意味します。

休み（休息・休む期間）

ya（網）-sum（しなびる）-hi（頃）＝（ヤスムヒ『網、しなびる頃』）

「網の水気が無くなる期間」（漁がないこと）

◯休む（活動を中止する・休息する・寝る）

ya（網）-sum（しなびる）-un（ある・いる）＝（ヤスムン『網しなびている』）

「網の水気が無くなっている」（漁をしていないこと）

このことから、網による魚捕りは、ほとんど毎日行われていたことが分かります。

飯（めし）

mu（詰まる）-e（それ・それで）-usi（多くある）＝（ムエウシイ『詰まる、それで多くある』）

「〈炊いたことで〉穀物の粒が水分を吸って大きくなり量が増えた物」

アイヌも、mesi（メシ）と言います。

汁（しる）

sik（一杯である・一杯になる）-rur（汁・海水）＝（シクルㇽ『一杯である汁』）

「鍋一杯の汁」

◎体の部分の名称

頭（あたま）

a＝（それ）-tama（玉）＝（アタマ『それ玉』）

「玉のように丸いところ」

顔（かお）

kat（姿・様子・顔・容貌）-or（そこ・の所）＝（カッオロ『顔の所』）
「表情のある所〈心が現れる所〉」

アイヌ語で、顔はnan（ナン）と言います。

この音は、秋田弁の「なんも」という言葉の中にあって「なんでもないよ・気にしていないよ」という意味で使用されています。

○ナンモ
nan（顔）-mo（静か）＝（ナンモ『顔、静か』）
「穏やかな表情＝気にしていないよ」

目（め）

mu（塞がる）-e（自動詞に接続して他動詞を構成する）-e（そこ・それ・それを）＝（ムエ『塞ぐそこ』）
「瞬きをする所・眠るとき閉じる所」

○眼（まなこ）〈黒眼・目玉・目〉
mu（詰まる・塞がる）-ma（て・して）-u-（ある）-una（埋める）-kot（窪み・穴）＝（ムマウナコッ『詰まってある、埋める窪み』）
「窪みに埋めて、詰まってあるもの」

○マナグ〈秋田弁〉
mu（詰まる・塞がる）-ma（て・して）-u-（ある）-una（埋める）-kur（陰・裏）＝（ムマウナクㇽ『詰まってある、埋める裏』）
「瞼の裏側に埋めて、詰まってあるもの」

○まぶた
mu（詰まる・塞がる）-ma（て・して）-u-（ある・いる）-puta（蓋）＝（ムマウプタ『塞がっている蓋』）
「〈目玉に〉塞がっている蓋」

○睫（まつげ）
mu（詰まる・塞がる）-ma（て・して）-u-（ある・いる）-tuk（伸びる）-kes（末端・端）＝（ムマウドツケシ『塞がってある、伸びる末端』）
「まぶたの末端に伸びている」

○眉（まゆ）毛〈コノゲ：秋田弁〉
mu（詰まる）-ma（て・して）-u-（ある・いる）-i-（それ）-u-（互いに・お互い）〈-kenuma（体毛）〉＝（ムマウイユ『詰まってある、それ互いに』）

「毛が密集して対になっているもの」

耳（みみ）

may（音・響き）-muy（集める）＝（マイムイ『音集める』）

「音を聞き取る所」

※音の変化　マイミイ⇒ミミイ⇒ミミ

鼻（はな）

pana（下の方・下）＝（パナ『下の方』）

「下をむいたもの（鼻穴が下を向いている）」

顔面にあって、正面を向いていないもの、ということのようです。

口（くち）

uk（採取する）-usi（いつも〜している所）＝（ウクシ『いつも採取している所』）

「いつも食べ物を採取する所」

※音の変化　ウクシ⇒クシ⇒クチ

口（クチ）という音のある地名は、「山口＝yam（栗）-a（多い）-un（所）-uk（取る・採取する・拾う）-usi（いつも〜している所）＝（栗が多い所で、季節になると、いつも栗拾いをする所）」のように、何かを採取し続けている所、という意味を持ちます。

髪（かみ）

ka-un（上にある・表面の）-muy（集める）-i（もの）＝（カンムイ『上にある、集めるもの』）

「頭皮に集まっているもの（髪の毛）」

○毛（け）に付いての可能性

◇アイヌ語で、体毛はkenuma（ケヌマ）と言います。構成する音は、kew（体・背丈）-numa（毛）＝（ケウヌマ『体毛』）です。

我々の言う「毛（ケ）」は、もしかしたら、体毛を表すケヌマという音の並びから、ヌマという音が、消えた形で残ったのではないか？という思いがわいてきます。

額（ひたい）

hi（様子）-tarak（凸・つきでている）-hi（所）＝（ヒタラクヒ『様子突き出ている所』）

「突き出ているように見える所」
デコ（凸・つき出ている所）とも言います。

首（くび）

kut（帯・箍〈たが〉：締め付ける物）-pi（ほぐす〈ほどく・ほごす〉）〈-hi（所）〉＝（クッピ〈ヒ〉『たがほぐす〈所〉』）
「締め付けてはいけない〈所〉」
◇クビタ（首〈秋田弁〉）も同じ意味
kut（帯・たが〈締め付ける物〉）-pita（ほどく・解く）＝（クッピタ『締め付ける物ほどく』）
「締め付けてはいけない所」

この首に関係しておもしろいと思ったのは、セセリ（首肉＝焼き鳥の部位）という言葉です。これを原音に戻すと、seku（太る・太っている・肥える）-sewri（喉・気管）＝（セクセウリ『太っている喉』）となり「首回りの肉」という意味になります。

喉（のど）

not（顎）-o（の尻・端）＝（ノト『顎の尻』）
「顎の付け根」

顎（あご）〈古い音：アギ〉

ak（ひく）-o（それ・そこで）＝（アコ『ひくそれ』）
「口を空ける〈顎をひく：下げる〉所」
アゴの古い音であるアギの場合は、ak（ひく）-i（それを）＝（アキ『ひく所』）となるのでしょう。

手（て）

tek（手・枝）＝（テㇰ『手』）
「木の枝のように先が分かれているもの」
マタギ言葉にテッキャシ（カモシカ皮の手袋）という物があります。それは、次のような意味を持ちます。
○テッキャシ
tek（手）-kasi（の上・表面）＝（テッカシ『手の表面』）
「手の表面を覆う物」

指（ゆび）

i（それ）-upipi（別々に・別れている）＝（イユピピ『それ別れている』）

「五本に別れているもの」

指は、アイヌ語で（アシケペツ）＝aske（手〈asi（閉じる）-ke（自動詞に接続して他動を作る）＝（閉ざす＝握る）〉）-pet（裂片）＝（アシケペツ『手〈握る〉裂片』）で「手の切れ端・握る切れ端」という意味を持ちます。

ちなみに指輪は、アイヌ語で（エンピワ）＝en＝（私）-pi（抜く）-wa（縁）＝（私が抜き取る指の周りの枠）と言います。

爪（つめ）

---

tu（屑）-mu（詰まる）-e（させる・する）＝（ドムエ『屑詰まらせる』）

「屑が詰まっている所」

このことから、蹄（ひづめ）は、hi（様子）-tu（屑）-mu（詰まる）-e（させる・する）＝（ヒドムエ『様子屑詰まらせる』）で「爪の様な物」という意味になるようです。

腕（うで）

---

us（ついている・生えている）-tek（手）＝（ウシテク『ついている手』）

「手が先についているもの」

背（せ）

---

se（背負う）-e（そこ・そこに・そこで）＝（セエ『背負うそこ』）

「荷物や子供を背負う所」

胸（むね）

---

mu（詰まる）-nep（少し）＝（ムネプ『〈空気が〉詰まる少し』）

「呼吸する所」

腹（はら）

---

hapur（やわらかい）-ra（下の方）＝（ハプルラ『柔らかい下の方』）

「〈肋骨（あばらぼね）の下の〉柔らかい所」

臍（へそ）

---

pet（濡れている）-suy（穴）-or（そこ・の所・の中）＝（ペツスイオロ『濡れている穴の中』）

「濡れてへこんでいる所」

肘（ひじ）

hi（様子・頃）-tuye（振る）＝（ヒドイエ『様子振る』）

「歩いたり走ったりするときに振る所」

膝（ひざ）

hi（様子・頃）-sa（前）-at（立つ〈高く現れる・はっきりと現れる〉）＝（ヒサアッ『様子、前立つ』）

「歩いたり走ったりするとき前に高く現れる所」

足（あし）

as（立ち上がる）-y（もの）＝（アシ『立ち上がるもの』）

「立ち上がるためのもの」

肌（はだ）

pa-ta（上）〈pa（上の方）-ta（にある）〉＝（パタ『上』）

「上皮・表皮」

○皮（かわ）

ka-un（上にある・表面の）-wa（縁・岸）＝（カンワ『表面の縁』）

「体の表面」

カワは「皮・側・川」にも通じる音です。

アイヌ語で「皮・皮膚」は「kap（カプ）＝ka（上・上辺）-p（もの）＝上の物」と言います。

血（ち）

chirir（したたり落ちる・滴る）＝（チリㇼ『滴る』）

「傷口からしたたり落ちる物」

動物の名称

ここでは「色々な動物は、なぜ、そう呼ばれるようになったのか」を紹介します。

◎哺乳類

猫（ねこ）ネプコップ⇓ネコッ⇓ネコ

nep（少し）-kor（帯同する・支配する）-p（もの）＝（ネプコップ『少し帯同するもの』）

「少しだけ一緒に行動するもの〈気まぐれもの〉」

○チャペ（秋田弁）〈アイヌ語でもチャペという〉

cat（舌打ち〈する〉）-pe（もの）＝（チャッペ『舌打ちするもの』）

「舌打ちするようになくもの〈ニャーン〉」

○チャコ（秋田弁）〈ニャンコ〉

cat（舌打ち〈する〉）-kor（帯同する・支配する）-p（もの）＝（チャッコップ『舌打ちする帯同するもの』）

「ニャーンとなく飼われているもの」

川獺・獺（かわうそ）

ka-un（上にある）-wa（縁・岸）-us（いる）-o（末端・尻）＝（カンワウソ『上にある岸、いる末端』）

「川縁にいるもの」

アイヌ語でカワウソは、e（それ）-sam（横に・側に）-an（いる・ある）＝（エサマン『それ側にいる』）で「水辺にいるもの」と言います。

鼯鼠・鼺鼠（むささび）

mu（塞がる）-u-（互いに・お互い）-sara（現れる）-sap（下りる）-y（もの）＝（ムサラサピ『塞がる、互いに現れ、飛び降りるもの』）
「普段は見えない、前後肢の間に発達した飛膜で、木から木へ滑空するもの」
マタギは、ムササビのことを「バンドリ」と呼びます。それは、夜中に、木から木へと飛び移ることによります。

鼬（いたち〈約三〇センチ〉）

iri（皮剥〈をする〉）-tak（塊）-cin（広げる・皮はり）
＝（イリタㇰチン『皮剥をして塊を広げる』）
「皮を剥いだ塊を広げる〈毛皮を採るもの〉」

貂・黄鼬（てん）（鼬の仲間〈約四〇センチ〉）

tem（腕）＝（テㇺ『腕』）
「腕ほどの長さの物」
本州北部のテンは、夏毛は全体に黒く、喉が黄色ですが、冬毛は、四肢の先端のみ黒く、他は美しい黄色になります。私は、山で出会った時、その美しさに圧倒されました。

オコジョ（鼬の仲間〈約二〇センチ〉）

okot（くっつく・くっついている）-ci（それ・そこ〈へ〉・自ら）-ó（入っている）＝（オコッチョ『くっついて、それ入っている』）
「巣穴に、身を寄せ合って入っている物」
夏毛は、背面がチョコレート色で、腹面は白色。冬毛は、尾先の黒を残し、全身純白です。毛皮は、アーミンと呼ばれ高級品です。

熊（クマ）

kuma（黒い）-p（もの）＝（クマㇷ゚『黒い物』）

「黒い色をした獣」

クマバチは「黒い蜂」、クマゼミは「黒い蝉」

「目尻にクマができる」のクマも、これだと思われます。

kumaという音は、元々は、魚や肉を干す乾し棚のことですが、その棚が、何度も使用しているうちに黒ずんでしまうことから、そんな乾し棚のような色、というとらえ方から発祥したと思われます。
○羆（ひぐま）
hi（様子・のよう）-kuma（黒い）-p（もの）＝（ヒクマㇷ゚『様子、黒い物』）
「熊のような物」

羆は、毛色が褐色か黒褐色で、水浴びを好みます。ヒグマという名称は、熊に似ている物という意味ではないか？と思われます。他に「あかぐま」「ひ」とも言います。

おそらくは、月の輪熊を見慣れた人が、ヒグマを見て「熊に似ている動物」という印象から、そう呼ぶようになったのかも知れません。

アイヌの人々は、熊をクマとは言わず、次のように呼びます。

カムイ（神）・カムイチャチャ（神なるじいさん）・キムペ（山の物）・キムンカムイ（山に住む神）・キムンペ（山に住む物）・シュク（大きな獲物）

猿（サル）

sara（尾）-us（付いている）＝（サㇽㇱ『尾付いている』）

「尾があるもの」

○アイヌ語（猿）

ar（半分）-sara（尾）-us（付いている）＝（アㇻサルㇱ『半分尾付いている』）

「短い尾があるもの」

カモシカ

kat（姿・様子）-mo（小さい）-sir（山）-ka〈〜の〉上〈に〉・上辺）-at（沢山いる）＝（カッモシㇼカッ『姿、小さい山の上に沢山いる』）

「〈高山ではなく〉低い山の上に多く住むもの」

秋田県では、人里近くの山でよく目にします。秋田市では、山沿いの畑を荒らすことから、そのような場所では、畑を青色のネットで囲い込む処置を施しています。

カモシカは、シカとはいうものの、ウシ科の動物です。ですから、角は、落ちません。日本と台湾に特産とのことです。

カモシカの名称には、他にも諸説あります。その例を紹介します。

◇kama（岩場）-o（ある）-sir（山）-ka〈〜の〉上〈に〉・上辺）-at（沢山いる）＝（カマオシㇼカッ『岩場にある山の上に沢山いる』）

「山の険しい所に多くいるもの」

◇（新しい言葉の場合）カモシカ＝氈鹿

カモ〈毛氈＝もうせん（カモシカの毛をよって作った敷

物）〉-sir（山）-ka（〈〜の〉上〈に〉・上辺）-at（沢山いる）＝（カモシリカン『毛をよって作った敷物、山の上に沢山いる』）
「毛をよって敷物を作る、山の上に多く住むもの」
○カモシカを表すマタギの言葉

◇ケラ
kera（味）-un（ある）＝（ケラン『おいしい・味がある』）
「肉が美味しいもの」

◇アオ
aw（股＝又〈二つに分かれている所〉）-op（槍）＝（アウオプ『股、槍』）
「頭上で二股に分かれた角（つの）〈槍〉をもつもの」

◇その他の名称と、その持つ意味の可能性
・あおしし（二股に分かれた角を持つ蹄のあるもの）
・くらしし（小高い崖の所にいる蹄のあるもの）
・かましし（岩場にいる蹄のあるもの）
・かもしし（小山にいる蹄のあるもの）
「しし」は、usisi・usis（蹄・偶蹄）という音から発祥しました。そのことから、細かいことを言いますと、猪鍋（ししなべ）は、イノシシだけでなく、蹄のある動物を鍋にすると、どれも、シシナベと呼んでも差し支えないことになります。

　また、よく「カモシカのような脚」と言いますが、この場合のカモシカは、羚羊（レイヨウ）の俗称です。レイヨウは、ウシ科哺乳類の一群で、多くはアフリカ・アジアの草原・砂漠にすむものの総称です。ハーテビースト・オリックス・インパラ・エランドなどを含みます。体形は、走るのに適し、足が細いのが特徴です。

鹿（しか）

sir（山）-ka（〈の〉上〈に〉・上辺）-at（沢山いる）＝（シリカッ『山の上に沢山いる』）
「山の上に沢山いる獣」
　アイヌは、元々は獲物を示すユクという音を、鹿という意味で使用しています。その理由は、最も頻繁にとれる獲物のためではないかと思われます。
　そのような発想は、サカナ（肴＝尾根でとれる物〈獣・鳥・魚・山菜類・木の実・その他〉）の中で、特に、頻繁にとれた魚類が、サカナと呼ばれるようになっていくのと同じではないでしょうか。

狸・貍（たぬき）

ta（掘る）-nupki（野カヤ）-hi（を）＝（タヌプキヒ『掘る、野カヤを』）

「萱の生えた野原に穴を掘って住む獣」

貉（むじな）〈穴熊〉

mu（詰まる・塞がる）-ci（そこ〈へ〉・自ら）-na（それ）＝（ムチナ『塞がる自らそれ』）

「穴に隠れているもの」

マタギ言葉で、穴熊は、マミ＝mak（奥）-mu（詰まる・塞がる）-y（もの）＝（マㇰムイ『奥に塞がるもの』）で「掘った穴の奥に隠れているもの」と言います。

よく、穴熊の掘った穴にタヌキが住むことがあるようで、穴熊は、タヌキと混同されることがあります。

一般にタヌキ汁と言われている物は、実は、穴熊汁だと言う事です。タヌキは、美味しくないのだそうです。

マタギの言う、美味しい肉ベスト三は、（猿・マミ・カモシカ〈ケラ〉）だとのことでした。

○アイヌの人々は、タヌキや穴熊を、moyuk（モユク）と言います。

mu（詰まる・塞がる）-o（入っている・それ）-yuk（獲物）＝（ムオユク『塞がり入っている獲物』）

「穴に隠れている獲物」

牛（うし）

usis（蹄）＝（ウシㇱ『蹄』）

「蹄のある獣」

○ベコ（秋田弁）

peko（牛）＝（アイヌ語でペコ『牛』）

pe（見たり触れたりして確かめることができる物）-kor（持つ・支配する・帯同する）＝（ペコㇿ『もの、帯同する』）

「飼育しているもの」

猪（いのしし）

inun（食べ物を探す）-o（それ）-usisi（蹄）＝（イヌノウシシ『食べ物を探す、それひづめ』）

「蹄で土を掘って、食べ物を探す獣」

茸のシシタケ〈コウタケ〉は「蹄の形をして固まって生えている茸」という意味を持っています。

栗鼠（りす）

rik（上・上の方へ・高い所）-suy（穴）＝（リㇰスイ『高い所、穴』）

「立木の高い所にある穴に住む物」

アイヌ語でリスは、ru（さっと）-o（入っている・入れる）-p（もの）＝（ルウオㇷ゚『さっと入っているもの』）で「素早く巣穴に入ってしまうもの」と言います。

また、tu（屑）-sut（根元）-ni（歯）-ke（削る）＝（ドスッニケ『屑根元、歯で削る』）で「巣穴のある木の根元に、歯で削った屑を落とす動物」とも言います。

鼠（ねずみ）

ne（それ）-suy（穴）-mu（詰まる・塞がる）-y（もの）＝（ネスイムイ『それ、穴に塞がる物』）

「穴の中に隠れる物」

土竜（もぐら）

mu（詰まる・塞がる）-o（入れる・入っている）-kur（そのまま・姿）-rar（潜る）＝（ムオクㇽラㇻ『ふさがり入ってそのまま潜る』）

「地面の中に、潜ったままでいる」

蝙蝠（こうもり：カワホリの転）〈コウモリ目：翼手類〉

kat（姿・様子）-u-（お互い・互いに・みんな）-an（いる・ある）-poru（洞窟）-hi（に・には・所）＝（カッウワンポルヒ『姿お互い居る、洞窟に』）

「洞窟の中に、集まっているもの」

○アイヌ語で、コウモリは、kapar（薄い）-p（もの）＝（カパッㇷ゚『薄いもの』）で「〈飛んでる姿が〉薄っぺらなもの」と言います。

◎鳥類

烏・鴉（からす）

ka（上に）-rap（羽根・翼）-suye（揺さぶる・振る・揺する）＝（カラㇷ゚スイエ『上に翼揺さぶる』）

「翼を上に揺さぶり羽ばたく物」

アイヌ語で、カラスは、paskur ＝ pas（炭）-kur（そのまま・姿）＝（パシㇰㇽ『炭そのまま・炭の姿』）で「炭のように黒い鳥」と言います。

雀（すずめ）

sup（ススキ）-sut（根元）-mu（詰まる・塞がる）-e（させる・する）＝（スプスッムエ『ススキの根元、塞がらせる』）

「ススキの根元に集団で隠れている鳥」

アイヌ語で、スズメは、amam（穀物〈ヒエ・アワ・イナキビ等〉）-e（食う）-cikappo（小鳥）＝（アマメチカッポ『穀物食う小鳥』）で「穀物を食べてしまう小さな鳥」と言います。

鷺（さぎ）

sa（前・水の流れに近い方）-ki（立った）-i（もの）＝（サキイ『水の流れに近い方、立ったもの』）

「水際にじっと佇む鳥」

鳶・鵄・鴟（とび・とんび）〈タカ目〉

tom（〈きらっと〉光る・輝く・照る）-pi（抜く〈突き抜く・通す・通り過ぎる〉）＝（トㇺピ『光り抜く』）

「光が突き抜ける鳥」

トビは、上昇気流に乗って上空で輪を描きながら、地上や水中にいる獲物を狙っています。そのため、見上げると、太陽光に重なりまぶしいことがあります。

日本書紀（舎人親王等の撰〈七二〇年〉）には、次のようなお話があります。

☆伝説の概要　題名「金鵄（きんし）」

「金色のトビが神武天皇の矢に止まると、その身から発する光で、長髄彦（ながすねひこ）率いる敵軍の目をくらませ、神武天皇の軍勢に勝利をもたらした」というもの。

アイヌ語で tompi は「光」という意味をもちます。

アイヌ語で、トンビは、yattuy＝（ヤッドイ『ござ・トンビ』）で、飛んでる姿が、ござのように薄っぺらだということなのでしょうか？

鷹（たか）〈タカ目〉

tak（とる）-at（立つ〈事物が、上方に運動を起こしてはっきりと姿を現す〉）＝（タカッ『獲って立つ』）

「木の枝にいて、下を通る小型の鳥獣を狙い、捕獲すると直ぐ飛び上がる鳥」

アイヌ語で、タカは、kapar（薄い）-cir（鳥）＝（カパッチリ『薄い鳥』）で「羽を広げて飛ぶ様子が、薄っぺらに見える鳥」と言います。

このタカに関係する言葉として「カッパライ（泥棒のこと）」があります。

kappa（平らにする）-ra（下る）-y（もの）＝（カッパライ『平らにして下る物』）

「羽を広げ、平らになって急降下する物＝かすめ取る物〈鳶にあぶらげさらわれた〉」

これは、鷹や鳶のように急降下して、さっと持ち去る様子から生まれた言葉です。

鷲（わし）〈タカ目〉

wa（縁・端）-sir（辺り・地）＝（ワシリ『縁辺り』）

「崖の縁の辺りにいる鳥」

タカ目の鳥で、大型の物をワシと言います。

隼（はやぶさ）

pa（見つける・発見する）-yak（なら・〈だ〉と）-pus（はねでる・浮きあがる）-at（立つ〈高く現れる〉）＝（パヤクプサッ『見つけると、跳ね出て立つ』）

「獲物を見つけると、跳ね出て飛び上がる鳥」

ハヤブサは、原野、水辺などに住み、小鳥などを補食します。飛翔は極めて早く、古来、鷹狩りに用いられたとのことです。

燕（つばめ）

tup（移る・場所を移す）-pa（何回も行う）-me（寒さ）-e（そこ・そこに）＝（ドッパメエ『場所を移す、何回も行う、寒さそこ』）

「毎年寒くなると場所を移す鳥」

○ツバクラ（燕）

tup（移る・場所を移す）-pa（何回も行う）-kur（姿）-at（立つ）＝（ドッパクラッ『場所を移す、何回も行う、姿立つ』）

「毎年行き来する、立ち上がった所〈岩燕〉」

○ツバクロ（燕）

tup（移る・場所を移す）-pa（何回も行う）-kut（崖）-or-o（の所で）＝（ドッパクッオロ『場所を移す、何回も行う崖の所で』）

「毎年行き来する崖の所〈岩燕〉」

鵜（う）

u-（お互い・互いに・みんな）-uk（とる・採取する）＝（ウㇰ『互いに採る』）

「群棲し、それぞれに魚をとる鳥」

鵜飼いにあるように、アユとりの名人で、この頃は、桧木内川にも群れて訪れています。アユ釣り愛好家にとっては、好ましくない鳥のようです。

川蝉・翡翠（かわせみ）

ka-un（上にある）-wa（縁・岸）-sem（山奥の方の・奥にある）-i（所）＝（カンワセミ『上にある岸、山奥の方の所』）

「山奥にある川岸にいる鳥」

梟（ふくろう）

fup（腫れ物・腫らす）-kur（そのまま・姿）-rok（して）＝（フプクルロㇰ『腫らす姿して』）

「羽を逆立てている鳥」

◇木菟（みみずく）

may（音）-muy（集める）-i（もの）-tuk（見える・付く）-u-（互いに・お互い）＝（マイムイドク『音集める物、見える互いに』）

「両耳が見える梟」

梟のうち、頭側に長い羽毛（いわゆる「耳」）を持つものを言います。

アイヌ語でフクロウは、kamuy（神）-cikappo（小鳥）＝（カムイチカッポ『神、小鳥』）で「神である小鳥」または、kotan（村）-kor（持つ・支配する・司る）-kamuy（神）＝（コタンコロカムイ『村持つ神』）で「村の神」とも言います。

雉・雉子（きじ）

ki（カヤ）-ci（群在する・固まってある）-hi（所）＝（キ

チヒ『カヤが群在する所』）
「萱野に住む鳥」
低木林や野原に住んでいます。

鶴（つる）

tur（汚れ・垢、ごみ、泥）-un（住む・いる・ある）＝（ト゚ルン『泥、住む』）
「〈餌をあさるため〉どろどろした所に住む鳥」
アイヌ語でツルは、sar（湿地）-or（の所）-un（住む）〈cikap（鳥）〉＝（サロルン〈チカㇷ゚〉『湿地の所住む〈鳥〉』）で「湿地に住む鳥」と言います。

鳩（はと）

pa（何回も行う）-tutut（ト゚ト゚ッという鳴き声）＝（パト゚ト゚ッ『何回も行う、ト゚ト゚ッ』）
「ト゚ト゚ッと繰り返し鳴く鳥」
アイヌの人々は、鳩を「tutut」とも言います。

朱鷺（とき）

to（水の流れ〈川・湖沼・海など〉）-o（に）-ki（立った）-y（もの）＝（トキ『水の流れに佇む物』）
「餌を求めて、水溜まりや川の流れに佇む鳥」

椋鳥（むくどり）

mun（草・雑草）-kur（影・下側・裏）-tori（滞在する〈他所に行って、そこにある期間留まっていること〉）＝（ムンクットリ『雑草の下側、滞在する』）
「昼中は、それぞれ地面に生えた草の下に潜り込み、餌をあさる鳥」
人家付近の樹林や田んぼに群棲し、夜間には、大集団で共同ねぐらをなして寝ます。鳴き声がはなはだ騒がしく、地上で昆虫などを捕食します。

鶺鴒（せきれい）

se（その状態を成す）-kik（叩く）-rew（〈枝などに〉とまる）-y（もの）＝（セキㇰレウイ『その状態を成す、叩いてとまるもの』）
「長い尾羽を、チョンチョンと上下させ、その場を叩くようにして立ち止まる鳥」
立ち止まると、長い尾羽を上下させる習性があり、多く水辺に住んでいます。

アイヌ語でセキレイは、ociw（性交する）-cir（鳥）＝（オチューチリ『性交する鳥』）と言います。尾の動きが、そのように見えることから言うとのことです。

鶫（つぐみ）

tuy（落ちる）-ku＝（私が〈人称接辞〉）-muy（集める）＝（ドイクムイ『落ちる、私が集める』）

「霞網を立てて、網に掛かって落ちてきた物を集める鳥」

秋になると大群を成して日本に渡来し、かつては、霞網で大量に捕獲し食用にされました。

霞網とは、垂直に高く張って小鳥を捕らえる網のことで、高さ約五メートル、横約八メートル程。現在は使用が禁止されています。

懸巣（かけす）

kat（姿・様子）-kes（斑点）-us（付いている）＝（カツケスシ『姿、斑点付いている』）

「美しい斑点模様のある鳥」

全体が葡萄色で、翼に白と藍との美しい斑があります。尾は黒。他の動物の音声や物音を真似ることが巧みです。樫の実を好んで食したり貯蔵したりすることから、カシドリとも言います。

kes（斑点）という音に関係して、アイヌの人々は、クジャクのことを「kes（斑点）-o（入る・ある）-rap（羽）＝（ケソラプ『斑点のある羽』）」と言うそうです。

百舌（もず）

mos（目覚める）-u-（お互い・互いに・みんな）＝（モス『目覚める、みんな』）

「誰もが目が覚めるような、鋭い鳴き声を発する鳥」

このトリは、多種の鳥や動物の鳴き声をよく真似ます。秋から冬にかけて、雌雄別々に縄張りを張り、その宣言として、高い梢などで鋭い声で鳴きます。

「百舌の速贄（はやにえ）＝昆虫や蛙などを捕食し木の枝に貫いた物＝初物の献上品」を作るのは有名。翌春、他の鳥の餌に供されてしまうことから言う。とのことです。

鴎（かもめ）

ka（上〈に〉・上辺）-mu（詰まる・塞がる）-mom（流

れる）-e（させる・する）＝（カムモメ『上に詰まり、流れさせる』）

「海面に集まって、漂う鳥」

カラスほどの大きさで、体は白色、背と翼は、青灰色です。夏、カムチャッカ・シベリア・カナダなどの海岸で繁殖し、冬は、日本に現れ全国の海上に群棲します。海面や海岸で死魚や動物の死体などを拾って食します。海猫も鴎の一種です。

アイヌ語では、kapiw（カピウ）と言います。鳴き声からきた擬声語ではないかと思われます。

◎昆虫

蝉（せみ）

sem（山奥の方の）-y（もの）＝（セミ『山奥の方のもの』）

「山奥で賑やかにしている物」

○ヒグラシ（セミ）

ihi（それ〈太陽〉）-kur（影〈物陰〉）-asi（閉じる〈とじこもる〉）-hi（頃）＝（イヒクラシヒ『それ影に閉じる頃』）

「太陽が沈む頃、鳴く蝉」

◇日暮（ひぐれ）

ihi（それ〈太陽〉）-kur（影〈物陰〉）-e（させる・する）＝（イヒクレ『それ、影にする』）

「太陽が隠れる」

○アブラゼミ

a（強意）-fra（匂い・香り）-at（立つ）-sem（山奥の方の）-y（もの）＝（アフラアッセムイ『より匂い立つ山奥の方のもの』）

「臭いのするセミ」

○クマゼミ

kuma（黒い）-sem（山奥の方の）-y（もの）＝（クマセミ『黒い山奥の物』）

「黒い蝉」

そのほか、ミンミンゼミやツクツクホウシは、その鳴き声から付いた名称です。

アイヌ語でセミは、yaki（ヤキ）＝yak（潰す・破裂する）-y（もの）＝（ヤキ『破裂するもの』）で「成虫になるとき、殻を破って出て来るもの」と言います。

トンボ

tom（〈キラッと〉光る・照る・輝く）-po（小さい）-p（もの）＝（トㇺポㇷ゚『キラッと光る小さい物』）

「太陽光の反射で、羽根を輝かせて飛ぶ小さい物」

○ヤゴ（トンボ類の幼虫の総称）

yak（破裂する）-ko（跡）＝（ヤッコ『破裂する、跡』）

「背中に割れた跡がある物」

アイヌ語でトンボは、hanku（臍〈へそ〉・ほぞ）-cotca（刺す・射る・当てる）-p（もの）＝（ハンクチョッチャㇷ゚『臍当てるもの』）で「留まるとき、その場所に体の中心をあてがってくるもの」と言います。

蛍（ほたる）

po（小さい）-tak（玉・塊）-ruy（多い）＝（ポタㇰルイ『小さい玉、多い』）

「無数の小さな玉のように光るもの」

アイヌ語でホタルは、nin（縮む）-nin（縮む）-kep（剥ぐ）-po（子供）＝（ニンニンケッポ『縮む縮む剥ぐ子供』）で「徐々に縮んで脱皮し、成虫になるもの」と言います。

バッタ

pa（大勢でやる）-at（立つ＝高く現れる）-tak（固まり）＝（パッアッタㇰ『大勢でやる、立つ固まり』）

「大勢で固まって飛び回る物」

○ハッタギ・ハタギ（バッタのこと）

patta（バッタ）〈pa（大勢でやる）-at（立つ＝高く現れる）-tak（固まり）〉-kikir（虫の総称）＝（パッアッタキキㇼ『大勢でやる高く現れる固まり、虫』）

「大勢で固まって飛び回る虫」

○アイヌの人々は「パッタキ・パッタキキㇼ」と呼びます。

イナゴ（バッタ科イナゴ属）

iru（一続きである・連なる）-ne（そういう・〈それの〉様な）-p（もの）-〈o〉kot（くっつく・くっついている）＝（イルネㇷ゚〈オ〉コッ『連なるような物〈稲〉に、くっついている』）

「稲にくっついているもの〈稲の害虫〉」

蝿（はえ）

haw（音）-e（させる・する）=（ハウエ『音する』）

「ブウンと羽音のする虫」

アイヌ語でハエは、mus（ムシ）と言います。

螻蛄（ケラ）

ke（削る・撒く）-rar（潜る）=（ケラッ『撒く潜る』）

「土をまき散らしながら地中に潜る虫」

蜂（はち）

pa（大勢でやる）-ci（群在する・固まってある）=（パチ『大勢でやる、固まってある』）

「大勢で固まっている虫」

蟻（あり）

ar（全く）-ir（繋がっている・続きである）=（アリㇼ『全く繋がっている』）

「列を乱さず連なり移動する物」

虻（あぶ）

at（沢山いる）-p（もの）=（アッㇷ゚『沢山いる物』）

「大勢で押し寄せる物」

○トシベ（横手地方の方言）

to（水の流れる所=沢・川）-si（本当に・最も）-pe（上の方・川の上〈penke の略〉）=（トシペ『水の流れる所、最も上の方』）

「川の最上流域にいる物」

○ツナギ（横手地方の方言）

tu（峰）-u-（お互い・互いに）-na（〈の方〉にある・それ）-ki（立った）-i（所）=（ドゥナキイ『峰互いにある立った所』）

「両岸に山が立ち上がっている所〈を流れる川沿いにいる物〉」

コオロギ

コロコロ -kikir（虫）=（コロコロキキㇼ『コロコロ虫』）

「コロコロ鳴く虫」

アイヌ語では、i（それ）-popute（煮え立たせる）-p（もの）＝（イポプテプ『それ煮え立たせる物』）で「鍋が煮え立つ時のような音を出す物」と言います。

源五郎（げんごろう）〈ゲンコロウ科の水生甲虫の総称〉

kem（針）-kor（持つ）-p（もの）＝（ケムコロプ『針持つもの』）

「鋭い牙を持つ物」

体はおおむね広卵形。なめらかで、緑色光沢を帯びた黒色で、後ろ肢は、長大で多くの毛があり、水中を泳ぎます。池沼に住み、しばしば電灯に飛来します。幼虫は、鋭い牙をもち、成虫と共に肉食性です。

蟷螂・螳螂・鎌切（かまきり）〈カマキリ目の昆虫の総称〉

kamu（被さる）-at（立つ〈高く現れる・はっきりと現れる〉）-kikiri（虫・昆虫）＝（カムアッキキリ『被さり立つ昆虫』）

「獲物に覆い被さるように高く現れる昆虫」

前肢が鎌状の形をしていることから、そう呼ばれるようになった。とも言えそうですが、カマキリが、鎌がまだ存在しなかった頃から、そう呼ばれていたとしたら、このような捕食の姿から付いたと考えられます。

カマキリという名称に関連して、カジカ目の川魚に、カマキリと呼ばれるものがあります。カジカより大きく、体長約三〇センチ程です。

カマキリという魚の名称は、次のような意味を持つようです。

kat（姿・様子）-ma（泳ぐ）-kiru（向きを変える）-y（もの）＝（カッマキルイ『様子、泳いで向きを変えるもの』）

「まっすぐ泳がず、一瞬であちこちにコースを変える魚」

蜉蝣・蜻蛉（かげろう）〈カゲロウ目の昆虫の総称〉

kat（姿・様子）-kep（剥ぐ）-ru（流域）-or（の所・の中）＝（カッケプルオロ『姿剥ぐ、流域の所』）

「河川で羽化する昆虫」

○カゲロウの生態

体も翅（はね）も弱々しく、二本又は三本の長い尾毛があります。夏水辺を飛び、交尾・産卵を終えれば数時間で死にます。幼虫は、二～三年を経て成虫に羽化（さなぎが変態して成虫になる事）します。

このような生態から、はかない物の喩えに用いられます。

また、陽炎（ちらちらと立ち上る気）は、カゲロウが一斉に羽化して立ちのぼる様子に例えて生まれたのではないか。と推測されます。

蛾（が）

ka〈kaha〉（〈編む〉糸）-atu（吐く）＝（カアド『〈編む〉糸、吐く』）

「糸を吐き出す物」

蛾は「火取虫（ひとりむし）火に集まる虫・灯蛾」とも呼ばれます。

蛾の古称は「ひひる」といい、特に蚕の蛾・蚕蛾（かいこが）を示すとのことです。

○蚕（かいこ）

ka（糸）-iru（一続きである・連なる）-〈o〉kot（くっつく・くっついている）＝（カイルコ『糸、一続きでくっついている』）

「全体が、一本の糸でくっついている物」

◇ゲンダカ（毛虫：秋田弁）※蛾の幼虫

kem（針）-tak（固まり）-as（立ちあがる）＝（ケムタカシ『針、固まり立ち上がる』）

「針が固まって立ち上がる物」

蛾の幼虫には、髄虫・毛虫・芋虫・蚕・尺取り虫等があります。

蝶（ちょう）

cupu（閉じる）-o（それ）-u-（お互い・互いに）＝（チュプオウ『閉じるそれ互いに』）

「停止時、羽根を閉じるもの」

停止時、羽を閉じない物が蛾と呼ばれているようですが、やや便宜的だとのこと。

アイヌ語でチョウは、he（頭・顔）-e（の）-pok（下・裏）-rap（羽）＝（ヘエポㇰラㇷ゚『頭の下に羽』）で「頭の付け根に羽を持つ物」と言います。

昆虫の体は、頭・胸・腹の三部に分かれ、胸部に二対の翅と三対の脚とがあります。

蚤（のみ）

numi（粒）-hi（のよう）＝（ヌミヒ『粒のよう』）

「丸くて小さい物」

体長二～三ミリで、翅を欠き、後脚が発達してよく跳びます。哺乳類・鳥類に外部寄生し血液を吸います。

◎その他

蛙（かえる）〈両生類〉

kari（徘徊する）-e（そこ）-ru（流域）＝（カリエル『徘徊するそこ流域』）

「川沿いをうろついているもの」

○かわず

ka-un(上にある)-wa（縁・岸）-tuk（見える）＝（カンワドク『上にある岸、見える』）

「川岸で、見かける物」

アイヌ語では、terke（跳ねる・跳ぶ）-ipe（食べる・食物）＝（テレケイペ『跳ねる食物』）で「跳ねる食べ物〈カエル〉」と言います。

カエルと同様に、アイヌの人達にとって、宿り木は、ni（木）-haru（食物）＝（ニハル『食べる木』）と呼ばれ、どちらも非常食だとのことです。

井守（いもり）〈サンショウウオ目イモリ科：両生類〉

i（それ）-ma（泳ぐ）-o（で・それで）-rik（上・上の方へ・高い所）＝（イマオリㇰ『それ泳いで、上の方へ』）

「息継ぎのために、水面に向かって泳ぐ物」

四肢は短く、尾は大きく扁平で遊泳に適します。体は黒褐色で、腹は全体赤色で黒い斑点があります。淡水に住んでいます。

守宮（やもり）〈トカゲ目ヤモリ科：爬虫類〉

ya（上がる）-ma（して・て）-o（それ・それで）-rik（上・上の方へ・高い所）＝（ヤマオリㇰ『上がって、それ高い所』）

「高い所に上っているもの」

指の下面は吸盤様の構造で、これで壁・天井などにつかまります。夜出て、昆虫を補食します。

蜥蜴・石竜子（とかげ）〈トカゲ目トカゲ亜目：爬虫類〉

toko（突起させる）-ar（半分・片）-ke（の部分）＝（トコアッケ『突起させる、半分の部分』）

「〈後ろ肢と尾で支え、〉体の前半分を立ち上がらせるもの〈目線を高くして辺りを見る〉」

カナヘビもトカゲです。尾を自切して敵から逃げますが、また再生します。草むら・石垣の隙間などに住み、昆虫・ミミズを補食します。

◇カナヘビ

kat（姿・様子）-na（それ）-he（自ら・顔・頭）-pi（剥ぐ）-i（もの）＝（カッナヘピイ『姿それ自ら剥ぐもの』）

「蛇に似た姿のもの」

ムカデ〈ムカデ綱の節足動物〉

mu（詰まる）-kat（姿・様子）-tek（手）＝（ムカッテㇰ『詰まる姿手』）

「手が密集している姿の物」

体は扁平で細長く、体長五～一五〇ミリ。多数の環節からなり、各節に一対ずつの歩脚があります。数は種により異なります。頭部に一対の触角と大顎とを持ち、顎肢の毒爪から毒液を注射して、小昆虫を捕らえて食します。

蜘蛛（くも）〈クモ綱クモ目の節足動物〉

kut（帯・箍〈締め付ける物〉）-mu（詰まる・塞がる）-o（入れる）＝（クッムオ『締め付ける物、詰まり入れる』）

「蜘蛛の糸で、ぐるぐる巻きにして締め付ける物」

アイヌ語では、ya（網）-oske（編む）-p（もの）＝（ヤオㇱケㇷ゚『網編むもの』）で「網を作る虫」と言います。

蚯蚓（みみず）〈ミミズ綱の環形動物〉

mu（詰まる・塞がる）-hi（して・したまま）-mu（詰まる・塞がる）-hi（して・したまま）-tuk（伸びる）＝（ムヒムヒドㇰ『詰まって、詰まって、伸びる』）

「土の中にどんどん入っていって、伸び縮みする物」

◯タマクラ（秋田弁）

ta（掘る）-mak（奥）-un（に）-rar（潜る）＝（タマクンラㇻ『掘る奥に潜る』）

「掘って奥に潜るもの」

アイヌ語では、tuk（伸びる）-nin（縮む）＝（ドㇰニン『伸びる縮む』）で「伸び縮みするもの」と言います。

蛭（ひる）〈蛭綱の環形動物〉

piru（拭く・ぬぐう）-uk（とる）＝（ピルㇰ『ぬぐい取る』）

「張り付いたものをぬぐい取るもの」

体は細長くやや扁平で、三四体節から成ります。前後両端の腹面に吸盤があり、前吸盤の中に口があります。吸血または肉食。池沼・水田・渓流などに住んでいます。

蛞蝓（なめくじ）〈マイマイ目の有肺類〉

nam（冷たい）-meru（きらめき）-kus（通る）-ci（それ・そこ〈へ〉・自ら）＝（ナㇺメルクㇱチ『冷たいきらめき、通るそこ』）

「通った所が、粘液で濡れ光るもの」

陸生の巻き貝ですが、貝殻は全く退化しています。体長約六センチメートル、淡褐色で三条の暗褐色の帯があります。頭部に長短二対の触覚があって、長い方の先端に目があります。腹面全体の伸縮によって徐々に歩き、這った跡に粘液の筋を残します。ナメクジリ・ナメクジラとも言います。

○ナメクジリ

nam（冷たい）-meru（きらめき）-kus（通る）-ci（それ・そこ〈へ〉・自ら）-ri（伸びている）＝（ナㇺメルクㇱチリ『冷たいきらめき、通るそこへ伸びている』）

「通った所が、粘液で濡れ、光って伸びているもの」

○ナメクジラ

nam（冷たい）-meru（きらめき）-kus（通る）-ci（それ・そこ〈へ〉・自ら）-ra（下・下の方）＝（ナㇺメルクㇱチラ『冷たいきらめき、通るそこ、下の方』）

「通った下の所が、粘液で濡れて光っている」

植物の名称

◎樹木

杉（すぎ）

sukup（成長する・育つ・若い）-ki（立った）-y（もの）

＝（スクプキイ『成長する 立ったもの』）

「まっすぐ高く成長する木」

杉は、日本の特産です。幹は、直立して約五〇メートルに達し、樹皮は褐色、繊維質で強靱。材は、木理がまっすぐで柔らかく脂気に富み、家屋・桶・樽・曲げ物などに供します。樹皮は屋根などを葺くのに用い、葉は、線香の材料で、古くは、神事に用いいました。

この sukup という音の入った言葉を紹介します。

○すくすく育つ

sukup（成長する・育つ・若い）-sukup（成長する・育つ）-soy（外・外部）-ta（に・へ）-tuk（見える・成長する・伸びる）＝（スクプスクプソイタドゥ『育つ 育つ、外部に伸びる』）

「地面から顔を出してどんどん育つこと」

○健やか（「すくやか・すくよか」とも言う）

sukup（成長する・育つ・若い）-hi（様子）-oka（になる）

＝（スクプヒヨカ『若い様子になる』）

「若々しい様」

「若い」とは、成長している状態にあることを示します。

○若い（わかい）

u-ari（生む・生まれる・成長する）-kat（姿・様子）-hi（のよう）＝（ウワリカッヒ『成長する姿のよう』）

「生まれて間もない、成長過程にある者のよう」

杉という漢字で示される古い地名は、杉の木を差して、そう呼ばれているわけではありません。

◇杉沢（すぎさわ）〈地名〉※表音文字
supki（アシ・ヨシ・カヤ）-si（ずっと〈続く〉）-an（ある・いる）-wa（縁・岸）＝（スプキサワ『アシ・ヨシ〈忌み言葉〉・カヤずっとある岸』）
「川岸沿いに、ずっとススキが生えている」
杉（すぎ）という漢字が使用されている古くからある地名は「ススキ〈アシ・ヨシ・カヤ〉」が生えている所だ。と言っている場合が多いようです。

みずなら（ブナ科）

muy（森）-tuy（の中）-un（の）-na（もっと・もう少し）-ra（下・下の方・低い方）＝（ムイドインナラ『森の中の、もう少し下の方』）
「森の中の、少し下の方に生える木」
ミズナラの中にあるミズの入った言葉には、次のようなものがあります。
○湖（みずうみ）
muy（森）-tuy（の中）-un（に・〈に〉ある）-wor（水）-mu（詰まる・塞がる）-i（所）＝（ムイドインウォロムイ『森の中にある、水詰まる所』）
「山地にある水を溜める所」
○水沢（みずさわ）
muy（森）-tuy（の中）-si（ずっと〈続く〉）-an（ある・いる）-wa（縁・岸）＝（ムイドイサワ『森の中、ずっとある岸』）
「森の中に川岸が続く所」
水（みず）は、muy（森）-tuy（の中）で「森の中から流れ出るもの」という意味を持つようです。

あべまき（ブナ科：西日本に多い）

ape（火）-e（で）-ma（焼く）-ki（立った）-y（もの）＝（アペエマキイ『火で焼く立った物』）
「火に燃やす木（薪＝焼く木）」
○薪（まき）
ma（焼く）-ki（立った）-y（もの）＝（マキイ『焼く、立った物』）
「立木を切って燃やす物」
○炭（すみ）
sum（しなびる〈しぼむ・しおれ弱る〉）-y（もの）＝（スミ『しなびる物』）

「焼け焦げてしおれた物」

◇消し炭 kes（残り）-hi（して〈その状態で〉）-sum（しなびる）-y（もの）＝（ケシヒスミ『燃え残りの炭』）

クヌギ 〈ボクトウガの幼虫が樹皮をかむ〉

ku＝（私〈が〉人称接辞）-nu（においをかぐ）-ki（立った）-y（もの）＝（クヌキイ『私がにおいをかぐ、立ったもの』）

「幼虫が傷つけた所からにおいがする木」

ブナ科の樹木で、薪炭材として最高の品質を誇ります。武蔵野の雑木林の主要樹で、葉は栗に似ています。樹皮や葉は、染料・薬用に供するとのことです。

○武蔵野（むさしの）

muy（山並み・峰・森）-hi（の）-san（前方に広がった）-si（ずっと〈続く〉）-nup（原野・野原）＝（森の前に広がる、ずっと続く原野）

クヌギの古名は、つるばみ＝turpa（伸ばす）-mim（〈細く一本一本に〉裂く）＝（ドルパミム『伸ばす裂く』）で「樹皮を伸ばして細く裂く木」

これは、染料・薬用に供するための作業を示す名称です。染料では、黒染色・にびいろ（薄墨色・濃い鼠色）で、昔、喪服にはこの色を用いた。とのことです。

ドングリのかさ〈へた〉を煮た汁で染めた色のことも「つるばみ」と言います。

橅（ブナ）

pus（はじける・跳ね出る）-na（もっと・さらに〈繰り返す・何度もしている〉）＝（ブシナ『はじける、さらに』）

「木の実を炒るとパチパチとはじけるもの」

ブナの実は、食用で美味とされています。果実は、殻斗〈かくと〈実を包む部分〉〉内にあってとても堅いです。

この実を炒って食べることから「はじける実を持つ木」という意味でブナと呼ばれるようになったようです。

桧木（ひのき）

hi（様子・頃〈ある期間・時節〉）-nu（においがする）-ki（立った）-y（もの）＝（ヒヌキイ『頃、においがする、立ったもの』）

「切ると香りがする木」

○桧木内（ひのきない）という地名

hi（様子・頃〈ある期間・時節〉）-nupki（濁る）-nay（沢・川）＝（ヒヌプキナイ『頃、濁る川』）

「雨が降ると濁る川」

桧木内という地名は、表音文字で記録されています。

ヤナギ

ya（陸・丘・岸）-na（〈～の方〉にある）-ki（立った）-y（もの）＝（ヤナキイ『岸にある、立ったもの』）

「川岸にある木」

松（まつ）

ma（焼く）-tu（屑〈さけたり砕けたりしている物〉）-uk（とる・採取する）＝（マドウㇰ『焼く屑とる』）

「細かくして燃やす木」

松からは、松根油（ペンキ・ワニスの溶剤に用いる）がとれ、油性に富みます。

○松（マツ）という文字が入った言葉に、松明があります。

◇松明（焚き松の音便：たきまつ⇒たいまつ）

tak（塊）-hi（〈～に〉して＝の状態で）-ma（焼く）-tu（屑）＝（タクヒマド『塊にして焼く屑』）

「木くずを束ねて〈集めて〉火をつける物〈屋外の照明用〉」

このタキ＝tak（塊）-hi（〈～に〉して＝の状態で）＝（塊にすること』）という音のある言葉に、タキビがあります。

○焚き火

tak（塊）-hi（にして）-a（燃える）-pe（もの）＝（タㇰヒアペ『塊にして燃える物』）

たき火は、燃える物を集めて火を放つことだ。ということが分かります。

また、松の中には、唐松と呼ばれる物もあります。

○唐松・落葉松（からまつ）〈材は樹脂に富む〉

kar（火を作る・火をつける）-a（燃える）-ma（焼く-tu（屑）-uk（とる・採取する）＝（カラマドㇰ『火を作って燃える、焼く屑とる』）

「よく燃える屑を採る木」

この名称の中にある「kar」が使用されている言葉を紹介します。

○枯れる

kar（火を作る・火をつける）-e（させる・する）-ruwe（様子・こと）＝（カレルウエ『火を作らせる様子』）

「燃やせる様」

地名にある松（まつ）の場合は、mu（詰まる・塞がる）-ma（て・して）-tuk（伸びる）＝（ムマドゥ『詰まって伸びる』）で「水流が詰まって陸地が伸び出る」という意味を持つます。

○松原（まつばら〈北秋田市綴子〉）

mu（詰まる・塞がる）-ma（て・して）-tuk（伸びる）-para（広い）＝（ムマンドゥパラ『詰まって伸びる、広い』）『水流が押し寄せて伸び出て広い』

北秋田市綴子の場合、綴子川が大きく湾曲して流れる内側は、水田になっています。

○松葉（まつば〈仙北市西木町〉）

mu（詰まる・塞がる）-ma（て・して）-tuk（伸びる）-pa（上の方・山の頭・山頂）＝（ムマンドゥパ『詰まって伸びる、上の方』）

『水流が押し寄せて伸び出た所の上』

そこには製材所があり、その隣が松葉駅です。

○小松（こまつ〈仙北市角館〉）山

ko（そこ・それに対して）-mu（詰まる・塞がる）-ma（て・して）-tuk（伸びる）＝（コムマドゥ『そこ、詰まって伸びる』）

「そこは、院内川の流れが押し寄せて伸び出た土地の先の所」

現在、小松は、通称「古城山」を含む辺りの呼び名です。

コナラ

ko（そこ・それに対して）-na（もっと・もう少し）-ra（下・下の方・低い方）＝（コナラ『そこ、もう少し下の方』）

「山の頂上より少し下の方にある木」

○楢（なら）という音の持つ可能性

na（もっと・もう少し）-ra（下・下の方・低い方）＝（ナラ『もう少し低い方』）

「頂上より少し低い方に生える木」

コナラ・ミズナラ・ナラガシワ・カシワ・アベマキ・クヌギなど、山並みの頂上よりも少し低い方に生えている木全般を表すようです。

○ナラの木を示す（楢・柞・枹）という漢字は、次のような思いから作られたのでは？

・楢＝生活集団の木（生活に欠かせない木）

・柞＝作る木（道具を作る・火を作る）

・枹＝包む木（食べ物を包む）※カシワか？

古名ハハソ（コナラ・クヌギ・オオナラなどの別称）は、「母」にかけていう枕詞で、柞原（ハハソハラ）は、ナラの生い茂っている原〈万葉集〉という意味を表します。
○地名の奈良（なら）
奈良と呼ばれる地域は、周りを山並みに囲まれた盆地になっています。ナラは、辺りよりも低い所という意味です。
○ドングリ（カシ・クヌギ・ナラなどの果実の俗称）
tom（〈きらっと〉光る・照る・輝く）-kuri（〈〜の〉影）＝（トムクリ『輝く影』）
「風が吹くと、翻る葉の裏側が白っぽく輝く木」
一般的に、楢の木と呼ばれる木の葉を差します。
○団栗を示すkomという音の入った言葉
◇駒石台（こまいしだい）〈地名：仙北市戸沢：国道一〇五号線沿い山間部〉
kom（ドングリ）-a（多い）-isi（美しい）-tay（林）＝（コマイシタイ『ドングリ多い美しい林』）
〈国道一〇五号線沿い雑木林〉団栗の木が多く、風に葉が翻るとキラキラと照って美しい林のこと〈現在は、植林が進み、杉林と化している所も多い〉
◇コマ（コマ遊び）
kom（ドングリ）-at（立つ）＝（コマッ『ドングリ立つ』）
「ドングリを回転させると、立ち上がること」
このkomという音は、形容詞では「枯れ葉色の」という意味も持ちます。
◇kom（枯れ葉色の）-p（もの）＝（コンプ『枯れ葉色の物』）で「昆布」

柏（かしわ）〈食物を盛る・包む葉〉

kar（摘む・とる）-si（大きな）-ham（葉）＝（カッシハム『摘む、大きな葉』）
「大きな葉を摘み取る木」
○かしわで（膳〈よく料理された食物〉・膳夫のこと）
古代、カシワの葉を、食器に用いたことから言う。とのことです。
飲食の饗膳・供膳（ごちそうのお膳）
饗膳のことを司る人・料理人
◇膳部（かしわで）
大和朝廷の品部（しなべ）で、律令制では、宮内省の大膳職・内膳司に所属し、朝廷・天皇の食事の調整を指揮した下級官人。

品部は、世襲的な職業を通じて、大和朝廷に隷属した人民の組織で、平素は、一般の農民・漁民だとのことです。

桂（かつら）

katu（姿・様子）-ra（下・下の方・低い方）＝（カドラ『姿下の方』）

「山の下の方で見かける木」

日本特産で、高さ三〇メートル。葉は心臓形。春先、葉に先立って暗紅色の小花をつけます。樹皮は、灰色を帯び、日本特産の木です。材は腐りづらく、船材・建築用・器具用として用いられます。

朴（ほお＝ホオノキ・ホオガシワ）

ho（腰・陰部）-or（そこ・の所・の部分）＝（ホオロ『腰の所』）

「腰の周りにつけるもの」

人々が、幅の広い大きな葉を連ねて、腰に巻き付ける。そんな時代に、名付けられた様です。

このことから、推測されることは、樹木には、遙か昔から名称があったのかも知れない。ということでした。

桜（さくら）

sa（前・山裾から見て川に近い方）-kur（姿）-at（多い）＝（サクラッ『山裾から見て川に近い方、姿多い』）

「山裾から見て川に近い方に多い木」

桜は、花を咲かせるとき、大量の水を必要とするとのことです。

○サクラマス（山女〈ヤマメ〉が海に下った物）

sak（夏）-ra（下る）-ma（泳ぐ）-si（ずっと〈続く〉）-u-（お互い・みんな）＝（サクラマシウ『夏に下る、泳ぐずっと続くみんな』）

「孵化して一年半後の夏になると、川を下る鱒」

海石榴・山茶・椿〈国字〉（つばき）

tu（峰・岬）-un（の・にある）-pa（頭・頂・上の方）-ki（立った）-y（もの）＝（ドンパキイ『峰〈岬〉の頂、立ったもの』）

「山の頂や岬の上に生える木」

地名の場合は、語尾が hi（所）で「海辺に立っている峰や岬の頂」となります。

◇椿（つばき〈地名〉）

tu（峰・岬）-un（の・にある）-pa（頭・頂・上の方）-ki（立った）-hi（所）＝（ドンパキヒ『岬の頂、立った所』）

「山の頂や岬の上の方で、立った所」

ツバキという音の入った地名は、海岸沿いに多くあります。

柿（かき）

kar（摘む）-ki（立った）-y（もの）＝（カッキイ『摘む立ったもの』）

「実を摘みとる木」

紅葉（もみじ）

mom（流れる）-i（所）-ci（群在する・固まってある）＝（モミチ『流れる所、群在する』）

「水が流れる所に生える木」

川や沢のそば及び水が流れ下る斜面等に生えます。

平安時代より以前は、黄葉でモミジと読んだそうです。紅よりも黄が好まれていたということなのでしょう。

○楓（かえで）〈広辞苑での説明〉

カエルデは（蛙手）の約で、葉の形が似ているから言うとのことです。紅葉も、カエデの仲間です。

樅（もみ）

mom（流れる）-i（所）＝（モミ『流れる所』）

「水の流れる所に生える木」

大仙市強首（こわくび）「樅峰苑（しょうほうえん）」には、樅の林が雄物川沿いにあります。

角館の武家屋敷では、火よけの木として、庭に植えられています。

合歓木（ねむのき）

ne（別の姿形に変わる〈寝顔〉）-e（させる・する）-mu（詰まる・塞がる〈瞼が塞がる〉）-no（ように・のように）-ki（立った）-i（もの）＝（ネムッノキイ『別の姿に変わらせて〈瞼が〉塞がる、のように立ったもの』）

「眠っているかのように見える木」

葉が、夜、閉じて垂れることから、寝ているようだ。という思いから、生まれた名称です。

○眠る（ねむる）〈心身の活動が停止し、目を閉じて無意

識の状態に入る〉
ne（別の姿形に変わる〈寝顔〉）-e（させる・する）-mu（詰まる・塞がる〈瞼が塞がる〉）-ruwe（様子・こと）＝（ネムルウエ『別の姿に変わらせて〈瞼が〉塞がること』）
「寝顔になる事」

浜梨（はまなし）〈ハマナス〉

hama（浜）-na（方向を表す）-us（生えている）＝（ハマナウシ『浜の方、生えている』）
「浜辺に生えている木」
日本の北部海岸砂地に自生し、はまなすとも言います。
※どちらも元々は、同じ音でできています。

グミ

ku＝（私〈人称接辞〉）-uk（採取する・とる）-mu（詰まる）-y（もの）＝（クウㇰムイ『私、採取する 詰まるもの』）
「実を採取する木」
mu（詰まる）-y（もの）は「実」を表します。

栃（とちのき）

to（日）-ochi（沢山ある）-nu（側・の方にある）-ki（立った）-i（もの）＝（トチヌキ『日が沢山ある側、立ったもの』）
「日光がよく当たる所にある木」

藤（ふじ）

fup（腫れ物・腫らす）-ci（それ・そこ〈へ〉・自ら）＝（フㇷ゚チ『腫らす、それ』）
「木に絡みついて腫れる木」
このfup（腫れ物・腫らす）の入った地名には、次のような物があります。
〇藤島（ふじしま）〈地名・名字〉
fup（腫れ物・腫らす）-ci（それ・そこ〈へ〉・自ら）-si（ずっと〈続く〉）-mu（詰まる）-ma（て・して）-un（ある・いる）＝（フㇷ゚チシムマン『腫らすそこ、ずっと〈土砂が〉詰まってある所』）
「腫らす所は、広範囲に土砂が溜まった所」
〇藤沢（ふじさわ）〈神奈川県南部相模湾沿岸地帯：海岸

沿いの町〉

fup（腫れ物・腫らす）-ci（それ・そこ〈へ〉・自ら）-si（ずっと〈続く〉）-an（ある・いる）-wa（縁・岸）＝（フㇷ゚チシアンワ『腫らすそこ、ずっと続いてある岸』）

「砂が溜まって腫らす所が、海岸沿いに続く所」

○福田（ふくだ）〈川沿いの各地〉

fup（腫れ物・腫らす）-kur（姿・様子）-tappu（川の曲がり部分にある土地）＝（フㇷ゚クㇽタップ『腫らす姿、川の曲がり部分にある土地』）

「川の流れに、腫れたように突き出た、川の曲がり部分にある土地」

○二田（ふただ）〈潟上市：八郎潟と海の間辺り〉

fup（腫れ物・腫らす）-tartark（凸凹・でこぼこ）＝（フㇷ゚タラタラㇰ『腫れ物、でこぼこ』）

「砂地が、腫れ物のように、でこぼこになっている所」

桑（くわ）

ku＝（私〈人称接辞〉）-uk（とる・採取する）-ham（葉）＝（クウㇰハㇺ『私とる葉』）

「葉をとる木」

樫（かし）

kat（様子・姿）-si（本当に・全く・最も）-y（もの）＝（カッシイ『様子最もな物』）

「最も堅い木」

広辞苑には「厳し〈いかし〉」の上略形か。とあります。この音だとすると、i（それ）-kat（様子・姿）-si（本当に・全く・最も）-y（もの）＝（イカッシイ『それ、様子最もな物』）

「それは、最も堅い木」かも知れません。

◇堅い

kat（様子・姿）-tak（塊・玉）-hi（のよう）＝（カッタㇰヒ『塊のような様』）

栗（くり）

ku＝（私〈人称接辞〉が）-uk（採取する・拾う）-rik（高い所）＝（クウㇰリㇰ『私が拾う、高い所』）

「〈普段生活している所より高い所〉里山で拾う木の実」

栗は、アイヌの人達と同じように、元々はヤㇺと呼ばれました。ヤㇺ（栗）のある所は yam（栗）-a（多い）-un（所・

ある）＝（ヤマン『栗多い所』）と呼ばれ、里山のような、人々の生活圏内にある山地を指していたと思われます。

そのような認識を持つ人々は、山（サン）という漢字が輸入された折、その漢字に対するイメージは、里山のような、人々の生活する近くにある山地と重なり、山（サン）の訓読みとして、なじみのあるヤマとも読むようになったと思われます。

◇栗のイガ　i（それ）-kar（むく）＝（イカㇻ『むくもの』）

「栗が多い所」という意味を持つ地名の例としては、次のようなものが考えられます。

○山谷（やまや）

yam（栗）-a（多い）-ya（丘・岸・陸）＝（ヤマヤ『栗多い丘』）

「栗の木が多く生えている小高い所」

○山田（やまだ）

yam（栗）-a（多い）-tappu（川の曲がり部分にある土地）＝（ヤマタップ『栗多い、川の曲がり部分にある土地』）

「栗の木が多く生えている川の曲がり部分の土地」

○山崎（やまざき）

yam（栗）-a（多い）-un（所・ある）-us（生えている）-a（多い）-ki（カヤ）＝（ヤマンウサキ『栗多い所、生えている多いカヤ』）

「栗の木が多い所に、沢山カヤが生えている」

胡桃（くるみ）

ku＝（私〈人称接辞〉が）-uk（拾う・採取する）-ru（流域・道）-un（にある・の）-mu（詰まる）-i（所）＝（クウㇰルンムイ『私が拾う、流域にある詰まる所』）

「土砂が溜まる川のそばで拾うもの」

アイヌ語で胡桃は、nesko（ネシコ）と言います。この音は、私達の周りにある地名の中にもあります。根子（ねっこ）とか猫（ねこ）という文字が入った地名は、nesko（胡桃）-o（多い・群生する）＝（ネシコオ『胡桃、群生する』）で「胡桃が群生する所」という意味をもつと考えられます。地理的特徴としては、川沿いにある。と言う事です。

アケビ

ak（引く）-e（それで）-pi（抜く）＝（アケピ『引く、それで抜く』）

「引き抜いて利用する物」

蔓で、カゴや椅子などを作ります。
茎の木部は、生薬の木通（もくつう）で、利尿剤・消炎剤などに用いられました。

辛夷（こぶし）

ko（それに対して・そこ〈に〉）-fup（腫れ物・腫らす）-us（生えている・付いている）-y（もの）＝（コフプシ『それに対して、腫れ物付いているもの』）
「腫れ物のような花が付いている木」
モクレン科の落葉高木で、山野に自生します。高さ一〇メートル程。早春、葉に先立って芳香ある白色六弁の大花を開きます。

苺（いちご）

i（それ）-ci（やたらに〈多い〉）-〈o〉kot（くっつく・くっついている）＝（イチ〈オ〉コッ『それ、やたらに多くくっついている』）
「つぶつぶ〈小さな液果〉が、沢山くっついている実」
バラ科の小低木または多年草で、黄・紅色の液果を付けるものの総称です。
秋田には、バラ苺と呼ぶ木イチゴがあります。子供の頃は、よくとって食べたものです。

紫陽花（あじさい）の花〈「あずさい」とも言う〉

a（強意〈とても〉）-ci（固まってある）-u-（お互い・互いに・みんな）-say（連〈連ねること〉・〈ひとくくりのものを数える言葉〉）＝（アチウサイ『とても固まってある、互いに連』）
「一杯花が集まる所は、それぞれひとくくりになっている」

ガジュマル（沖縄の木）

kat（姿・様子）-syuma（島）-un（〜に）-ruy（多い）＝（カッシュマンルイ『姿、島に多い』）
「島でよく見かける木」
この木の用途は、防風林・防潮樹・生け垣・材細工物等だそうです。
この名称について、俗説として言われていること〈由来不明とのこと〉には、次のような物があります。
・「絡まる」からきた　・「風（かぜ）まもる」からきた

◎山菜と草花

蕗（ふき）

fur（坂・丘）-ki（立った）-y（もの）＝（フㇽキイ『坂に立ったもの』）

「斜面に立ったもの」

○ふきのとう

fur（坂・丘）-ki（立った）-y（もの）-no（で）-toko（突起させる）-poro（大きくなる）-p（もの）＝（フㇽキノトコポロㇷ゚『丘に立ったもので、突起させて大きくなる物』）

「斜面に立ちあがったもので、花の茎が伸び出て大きくなるもの」

　トコポロㇷ゚から薹（とう〈花や蕗などの花茎〉）へと変化する音は、次のような経緯をたどると推測されます。

　トコポロは、どれもオ行の音。その中でコだけは、喉の奥で出す音。（そのため一番最初に消えた）⇓トポロ（次に唇音が消えた）⇓トフォロ⇓トホウ⇓トウ。

　このトウは、塔（とう）の元に成る音では？

◇バッケ（ふきのとう：秋田弁）

pa（頭）-ke（～の部分・の所・～のもの）＝（パケ『頭の部分』）

「蕗の頭の部分」

土筆（つくし）〈スギナの地下茎から早春に生ずる胞子茎※食用〉

tuk（見える・伸びる・成長する）-usi（多くある）＝（ト゚クシ『伸びる多くある』）

「一面に伸び出る物」

杉菜（すぎな）

sukp（成長する）-ki（立った）-y（物）-hi（のよう）-na（それ）＝（スクㇷ゚キヒナ『成長する立った物〈杉のよう、それ〉』）

「杉のような形の物」

　トクサ科の多年生シダ植物です。温帯に広く分布し、極めて普通です。長く横走する根茎から直立した地上茎を生じ、輪状に枝を出します。茎は緑色で、節に鱗片状の葉を付けます。

屈み（こごみ）〈クサソテツの別称〉

kom（曲がっている）-kom（曲がっている）-y（もの）＝（コㇺコミ『曲がっている、曲がっている物』）

「ぐるぐる巻きになっている物」

片栗（かたくり）

ka（上・上辺）-ta（で・に）-kut（中空の茎）-ri（伸びている）＝（カタクッリ『上に、中空の茎伸びている』）

「上に、長い花茎が伸び出ている物」

山野に群生し、片栗粉は、片栗の地下茎から製した白色の澱粉を言います。

蕨（わらび）

u-ari（生まれる）-an（いる・ある）-pi（ほぐす）-y（もの）＝（ウアリンピ『生まれてある、ほぐす物』）

「生まれたてで、これから葉を広げる物」

○もう一つの可能性

u-ari（生まれる）-an（いる・ある）-pe（もの）＝（ウアリアンペ『生まれてある物』）

「生まれたての物・生まれたての人〈幼児〉」

この音の並びは「童（わらべ）」の元となった音です。説としては、ワラビとワラベは、音の発祥は同じだ。と言う説もあります。

薇（ぜんまい）

si（それ〈を〉）-e（食べる）-me-an（寒くなる）＝（シエメアン『それを食べる、寒くなる』）

「茹でて干した物を保存し、寒くなってから食べる山菜」

秋田弁では「ジェンメヤ」というような言い方をします。

ホンナ〈秋田弁〉（ヨブスマソウの若芽）

pon（幼い・小さい）-na（まだ・それ）＝（ポンナ『幼いまだ』）

「まだ幼いうちに採るもの」

若芽を食します。芳香がありショキショキしてうまい山菜です。若芽は、赤紫色を帯びている事が多いです。中部以北の山地に生え、成長すると高さ二メートルに達します。

※夜衾（ヨブスマ）＝夜具（寝るとき用いる寝具〈布団・毛布・夜着等〉）

シドケ〈秋田弁〉（モミジガサの若芽）

situ（棒）-ke（のもの）＝（シドケ『棒の物』）

「棒（手に持てるほどの細長い木）状に生えるもの」

キク科の多年草で、山地の林下に自生します。高さ一メートル。若芽を食します。湿り気のある所に多くあります。ほろ苦さがあり、さわやかな香りと相まってうまみとなっています。

○紅葉笠（モミジガサ）＝中心部分を丸く青土佐紙で張り、外側は白紙で張った雨傘。初めは日傘にしたといいます。

○シトギ（モミジガサの若芽）

situ（棒）-ki（立った）-y（もの）＝（シドキイ『棒、立った物』）

「棒（手に持てるほどの細長い木）状に立ち上がるもの」

刺草（いらくさ）

iru（一続きである・連なる）-at（多い・群在する〈群がる〉）-kut（中空の茎）-sara（現れる）＝（イルアックッサラ『連なり多い、中空の茎現れる』）

「辺り一面に中空の茎が伸び出る物」

山野の陰地に自生します。茎葉の細かい棘に蟻酸を含み、触れれば痛みが残ります。

◇アイコ〈秋田弁〉（イラクサの若芽）

ay（棘）-〈o〉kot（くっつく・くっついている）＝（アイ〈オ〉コッ『棘がくっついている』）

「棘のある物」

若芽を食します。

牛尾菜（しおで）〈山のアスパラガス〉

si（子供）-hi（の）-o（陰茎）-tek（みたいなもの・の様）＝（シヒオテク『子供の陰茎みたいなもの』）

「子供のチンチンみたいな姿の物」

牛尾菜という名称は「牛の尾のような形をした菜」というように、見た目の印象で形作られ、それを従来からある「シオデ」と読むことにしたようです。

◇ヒデコ〈秋田弁〉（シオデ）

pi（ほぐす）-te（させる）-ko（ない）＝（ピテコ『ほごさせない』）

「葉や巻きひげが伸び出ないうちに採る物」

蓬・艾（よもぎ）

i-o（満ちる）-mo（小さい）-ki（立った）-y（もの）＝（イヨモキイ『満ちる、小さい立った物』）

「辺りに沢山生える、〈樹木のようではない〉小さく立ったもの」

茎は、一メートルを超える大形の雑草。特有の強い香りを生かして、ごく若い芽を、餅に突き込んで、草餅・草団子とします。生長した葉は、灸の藻草（もぐさ）とします。

芹（せり）

sep（広い・幅がある・広くなる）-ri（伸びている）＝（セプリ『広くなる、伸びている』）

「伸び広がるもの」

田の中・畔・小川の縁・池の畔など、陸上と水中とに生えます。

薄（すすき）

sus（水浴する）-supki（アシ・ヨシ〈アシの忌み言葉〉・カヤ）＝（スシスプキ『水浴するアシ・カヤ』）

「水が出ると浸かる所に生えるアシ・カヤ」

稲科の多年草で、土手や荒れ地等に、しばしば大群落を作ります。

群がって生える草の総称でもあります。

◇萱（かや）〈屋根を葺く材料〉

kat（姿・様子）-ya（陸〈地表の水に覆われない部分〉・丘・岸）-at（多い・群在する）＝（カッヤッ『姿、陸に群在する』）

「地表の水に覆われない所に群がり生える物」

◇葦（あし）〈二メートルに達する・簾を作る〉

as（立っている・立ち上がる）-y（もの）＝（アシ『立っている物』）

「背丈よりも高くまっすぐ立っている物」

ヨシは、アシに対する忌み言葉（不吉な意味や連想をもつところから、忌みはばかって使用を避ける語）です。

百合（ゆり）

i（それ）-ur（丘）-rik（上・上の方へ・高い所）＝（イユッリク『それ、丘の上の方へ』）

「小高い所の上に生える物」

これは、私達の言うヤマユリのことでしょう。
ヤマユリの鱗茎は食用で、通称：ユリ根〈球形〉と言われています。

菖蒲（しょうぶ〈里芋科〉）

si（それ）-wor（水）-or（～の所・～の中）-pusu（掘り起こす）＝（シウオロップス『それ水の中、掘り起こす』）
「水の中にある根茎を掘り出すもの」
根茎を干して「菖蒲根」と呼び「健胃薬」とします。
アイヌ語で菖蒲は、surku（毒）-kusuri（薬）＝（スルククスリ『毒薬』）
と言います。

菖蒲（アヤメ〈アヤメ科〉）

aya（木目・手のひらの節・綾〈物の面に現れた様々な線や形の模様〉）-mu（詰まる・塞がる）-e（させる・する）
＝（アヤムエ『綾を詰らせる』）
「花弁の基部が綾になっている花」
外花被片の基部には、黄色と紫色の網目があります。（虎斑〈とらふ〉＝虎毛のような模様）

古くは、菖蒲（しょうぶ）もアヤメと言ったそうですが、種類は、異なります。その名残なのでしょうか。菖蒲と書いて、アヤメともショウブとも読みます。

「あやとり」という遊びは、糸で描かれた模様を取り合う遊びです。

稲（いね）

iru（一続きである・連なる）-ne（〈それの〉様な・そういう）-p（物）＝（イルネㇷ゚『一続きである様な物』）
「籾が一続きに付いている物」
○稲穂（いなほ）
iru（一続きである・連なる）-ne（様な・そういう）-p（物）
-o（の尻・の末端）＝（イルネポ『一続きである様な物の末端』）
「籾が一続きになるように付いている物の先の部分」
○米（こめ）
kom（枯れ葉色の・で〈副詞〉）-en（尖った・突き出た）
-p（物）＝（コメンㇷ゚『枯れ葉色の尖った物』）
「玄米」
○籾（もみ）

mo（小さい）-mu（詰まる）-y（もの）＝（モムイ『小さい詰まる物』）

「小さな実」

○むすび（にぎりめし）

mu（塞がる〈指が閉じた状態になる〉）-suy（再び〈2度・重ねて〉）-pi（小球）＝（ムスイピ『塞がる再び、小球』）

「重ねて握りしめた形の小さな球」

○にぎりめし

nin（縮む・くっつく）-kiru（動かす・回す・転がす・向きをかえる）-hi（して・したまま）-mesi（飯）＝（ニンキルヒメシ『〈指を〉縮め動かしたままの飯』）

「両手の指を縮め動かしたままの形の飯」

○飯（めし）アイヌの人達も、メシと言います。

mu（詰まる）-e（させる・する）-si（それ・自分で・自ら）＝（ムエシ『詰まらせる、自ら』）

「炊きあがった米粒が膨らむことで、ぎゅうぎゅう詰めになった物」

竹（たけ）〈イネ科タケ亜科〉

tak（塊）-ke（の物）＝（タッケ『塊の物』）

「固まって生えるもの」

固まり生えている物には、このタケという音が付いています。

例えば、固まって生える茸（マイタケ・シシタケ・エノキダケ・ナメタケ・ムキタケ）等です。

タケという音の入った地名には次のような物があります。

◇駒ヶ岳（こまがたけ）

kot（窪み・穴）-mu（詰まる・塞がる）-ma（焼く）-un（いる・ある・所）-ke（削る・撒く・剥ぐ）-takne（山・凸・塊）＝（コッムマンケタクネ『窪みに詰まる焼く所、撒く山』）

「噴火口に溜まる溶岩をまき散らす山」

◇槍ヶ岳（やりがたけ）

aye（矢）-ri（伸びている）-y（もの）-hi（のよう・様子）-ke（削る・撒く・剥ぐ）-takne（山・凸・塊）＝（アイエリイヒケタクネ『矢が伸びている物〈槍〉のよう、削る山』）

「槍のように削る山」

現在は、岳も竹もタケと読みますが、古くは、岳は、タクネだったようです。

音の変化は、タクネ⇓タクエ⇓タケ ではないでしょうか。

「笹・篠・小竹」（ささ）〈イネ科〉

sara（開いている・地表が表れている）-sa〈奥に対して前・山裾から見て川に近い方〉-un（にある）＝（サラサン『地表が表れている、山裾から見て川に近い方にある』）

「地表が見える、水の流れの近くに生えるもの」

広辞苑には、イネ科の常緑多年生植物。広義にはタケの類で形の小さく、皮の落ちない物の便宜的な総称。ササは「細・小（ささ・さざ）で、小さい物を表す接頭語（例：さざ波）」と説明されています。

ただ、名称を構成する音の持つ意味を調べると、上記のように、笹の生えている場所を説明しているように見えます。

笹を示す音には、ササの他に fup（笹）があります。

この音が入った言葉を紹介します。

○縁（ふち）〈物の端・へり〉

fup（笹）-us（生えている）-usi（場所・所）＝（フプスシ『笹、生えている所』）

笹は、日の当たる川縁に群生する傾向があることから、このような言葉が生まれたのではないか。と思われます。

笹を表す fup は、「腫れ物・腫らす」という意味も持ちます。笹は、地面が腫れたように固まって生えることから、この音で表現されているとも考えられます。

また、fup（笹）の入っている地名や名字には、以下のようなものがあります。

○渋黒（しぶくろ）川〈仙北市玉川地区〉

si（ずっと〈続く〉）-fup（笹）-kut（崖）-or（の所）-o（にある）＝（シフプクッオロ『ずっと続く笹、崖の所にある』）

「川沿いの急斜面に笹藪が続く所」

○渋谷（しぶや）〈東京都〉

si（ずっと〈続く〉）-fup（笹）-us（生えている）-ya（陸・丘・岸）＝（シフプシヤ『ずっと続く笹生えている丘』）

「笹藪が続く〈渋谷川沿いの〉小高い所」

現在、渋谷川は、地下にあります。その上を電車が走っています。

○藤原（ふじわら）〈奈良盆地南部：鎌足一族の本拠：大原ともいう・名字〉

fup（笹）-ci（群在する・固まってある）-para（広い）

＝（フプチパラ『笹が固まってある、広い』）
「笹が集まり生える広い所」
オオハラは、o（山尻）-or（の所）-para（広い）＝（山尻にある広い所）

○藤木（ふじき）〈大仙市にある地名・名字〉
fup（笹）-ci（群在する・固まってある）-ki（立った）-i（所）＝（フプチキイ『笹固まってある立った所』）
「笹が集まり生えて立ちあがった所」

○藤井（ふじい）〈地名・名字〉
fup（笹）-ci（群在する・固まってある）-hi（所）＝（フプチヒ『笹が固まってある所』）
「笹が、集まり生えている所」

○藤田（ふじた）〈名字〉
fup（笹）-ci（群在する・固まってある）-tappu（川の曲がり部分にある土地）＝（フプチタップ『笹固まってある、川の曲がり部分にある土地』）
「笹が集まり生える、川の曲がり部分にある土地」

○藤村（ふじむら）〈名字〉
fup（笹）-ci（群在する・固まってある）-mu（詰まる・塞がる）-un（いる・ある）-ra（低い所）＝（フプチムウンラ『笹固まってある、詰まってある低い所』）
「笹が集まり生える、土砂が溜まった低い所」

さらに、笹を現す言葉には、uras（笹）があります。

◇浦子内（うらしない）〈地名：仙北市西木町〉
uras（笹）-iru（一続きである・連なる）-nay（川・沢）＝（ウラシルナイ『笹連なる川』）
「岸に笹薮が続く川」

このuras（笹）は、ur（丘）-as（立ちあがる）＝（ウラシ『丘に立ちあがる』）という音でできているのかも知れません。

植物の名称は、人との関わり意外では、urasやfupのように「生えている場所」や「生えている様子・生え方」を表している場合が多いようです。

薊（あざみ）・刺草（しそう）

＝an（私〈人称接辞〉）-ca（とる・切る）-mu（詰まる・塞がる）-i（物）＝（アンチャムイ『とる、塞がる物』）
「根を掘り出して食す物」

根は食用とし、タイアザミ類の根は、煎じて強壮薬・解薬・利尿薬とするとのことです。

葛（くず）

kut（中空の茎）-tuk（伸びる）＝（クッドㇰ『中空の茎、伸びる』）

「茎が、どんどん伸びる物」

根は肥大し、生薬の屑根（かっこん）として解熱薬に用い、葛粉をとります。

蔓の繊維をとって屑布（くずふ）を織り、また、蔓で行李（こうり：荷物入れ）などを作ります。

○葛（かずら）

kat（姿・様子）-tuk（伸びる）-ran（下がっている・下りる）＝（カッドㇰラン『姿、伸びて下がっている』）

「伸びて垂れ下がっている物」

カズラは、蔓草の総称です。

虎杖（いたどり）

iru（一続きである・連なる）-tak（固まり）-toy（強意〈ひどく・甚だしく〉）-ri（高い・伸びている）＝（イルタㇰトイリ『連なり固まって、甚だしく伸びている』）

「群生して、高く伸びる物」

至る所に生え、根茎は長く這っています。若芽はウドに似て、紅色・微紅の斑点があります。茎は中空で節があり、高さ一メートル余りになります。葉は、煙草の代用としました。若芽を食べます。

独活（うど）〈ウコギ科〉

u-（お互い・互いに・みんな）-tu（二つ）-o（ある）＝（ウドオ『互いに二つある』）

「枝の葉が、節毎に二つそれぞれ別方向に伸び出ている物」

山地に自生し、茎の高さは約二メートルです。若芽の茎と葉を食用とします。

葉は枝に互生し、大形羽状複葉です。長さ一メートルに達します。

ミズ（ウワバミソウ・ミズナ）

mu（詰まる・塞がる）-i（その）-sut（根元・麓）＝（ムイスッ『塞がる、その根元』）

「茎の根元が、地に伏して埋もれるもの」

湿った原野や川沿いに群生します。茎は、下半部が地に伏し、上部は直立して菱形状卵形の葉を生じます。秋になると、節ごとに膨らんでムカゴ状態になって倒れ、そこから芽を出して、新しい株となって増えます。

ウワバミという名称は、蛇を表します。茎の形状が、蛇が頭をもたげている様子に似ているからかも知れません

大葉子・車前（オオバコ）

o（群生する）-oha-kot（空き地）＝（オオハコッ『群生する、空き地』）

「空き地に群生するもの」

踏まれても強く、原野・路傍に普通にある雑草です。葉は、利尿剤・胃薬、種子は、生薬の車前子（しゃぜんし）として利尿・鎮咳剤となります。

水芭蕉（みずばしょう）

muy（山並み・森）-tuy（の中）-un（にある・の）-parur（端・縁）-si（それ）-o（群生する）＝（ムイドンパルㇽシヨ『森の中にある縁、それ群生する』）

「山地の縁に沿って、群生するもの」

ここは、山地に染み込んだ水が、麓で染み出し、流れ出ている所。

これは、サトイモ科の大形多年草です。主に、中部以北の山地湿原などに群生します。葉は淡緑色で、長さ一メートルに達します。地下に大きな球状の根茎があり、初夏、葉に先立って雪白色の仏焔苞（ぶつえんほう）を持った黄緑色の花穂を出し、美しい風景を見せます。

苔（こけ）

〈o〉kot（くっつく・くっついている）-ke（自動詞に継続して他動詞を構成する）＝（コッケ『くっつける』）

「木や地面及び岩などが、自らにくっつけている物」

○アイヌ語（シンルㇱ）

sir（地・大地）-rus（毛皮）＝（シッルㇱ『大地、毛皮』）

「大地に張り付いた毛皮のように見えるもの」

蒲公英（たんぽぽ）

tak（玉・塊）-mu（詰まる・塞がる）-un（所）-fup（腫らす）-o（それ）-poro（大きくなる）＝（タㇰムンフポポロ『玉塞がる所、腫らしてそれ大きくなる』）

「玉になって閉じる花の所が、花びらを広げて大きくな

る」

タンポポの花は、夜中は、つぼみのように閉じていて、日光に当たると、花びらを広げ大きくなります。

菫（すみれ）

sut（根元・麓）-mu（詰まる・塞がる）-iru（一続きである・連なる）-e（させる・する）＝（スッムイルエ『根元に詰まり連ならせる』）

「他の草の根元に、隙間無くびっしり生えている」

春、葉間に数本の花茎を出し、紫色の花一つをつけます。日本だけでも、五〇種ほどあるそうです。

◎茸の仲間

マイタケ

ma（焼く）-hi（～して）-e（食う）-tak（塊）-ke（の物）＝（マヒエタッケ『焼いて食う、塊の物』）

「焼いて食べる 固まって生える茸」

○ユクカルシ（アイヌ語）

yuk（鹿）-karus（茸）＝（ユㇰカルシ『鹿茸』）

「鹿の角の形をした茸」

茸に関係して、軽井沢（かるいざわ）という地名は、次のような意味を持つようです。

karus（茸）-hi（頃）-si（ずっと〈続く〉）-an（ある・いる）-wa（縁・岸）＝（カルシヒシアンワ『茸、頃、ずっと続いてある岸』）

「茸が、季節になると川岸沿いにずっと生える所」

シシタケ（コウタケ〈香りたけ〉）

usisi（ひづめ）-hi（のよう・様子）-tak（塊）-ke（の物）＝（ウシシヒタッケ『ひづめのよう、塊の物』）

「ひづめのような形をした 固まって生える茸」

この茸は、非常に香りが良く、干した物をお茶にして頂きます。

ナメコ

nam（冷たい）-e（させる・する）-〈o〉kot（くっつく・くっついている）-p（もの）＝（ナメ〈オ〉コッㇷ゚『冷たくさせる、くっついている物』）

「冷たくなって生えている茸」

◇ナメタケ

nam（冷たい）-e（させる・する）-tak（塊）-ke（の物）＝（ナメタッケ『冷たくさせる、塊の物』）

「冷たくなって固まって生える茸」

シイタケ

si（極まる・最も）-i（もの・それ）-hi（に）-tak（塊）-ke（の物）＝（シイヒタッケ『極まるものに、塊の物』）

「美味しい実をつける椎の木に、固まって生える茸」

椎（しい）は、ブナ科の常緑高木です。暖地、特に海岸付近に多く、うっそうとした大木になります。果実は、先の尖った卵円形で、食用とします。特にツブラジイの実は美味だといいます。

シイタケは、シイ・カシ・クリ・クヌギなどの広葉樹の枯木中に生じます。

エノキダケ

e（食べる）-no（よく）-ki（立った）-i（もの）-hi（に）-tak（塊）-ke（の物）＝（エノキイヒタッケ『食べるよく、立った物（木）に、塊の物』）

「実や若葉をよく食べる木に、固まって生える茸」

榎木（えのき）は、ニレ科の落葉高木です。関東以南の暖地に多く生育します。果実は甘く、若葉は、飯とともに炊いて食用とする事があり、樹皮の煎汁は漢方で薬用です。

ボタシ〈秋田弁〉

poro（増える・大きくなる・多くなる）-tak（塊）-sik（一杯になる・一杯である）＝（ポロタㇰシㇰ『増える塊、一杯になる』）

「どんどん増えて大きな塊となって生える茸」

○モダシ〈秋田弁〉

mu（詰まる）-o（多い・群生する）-tak（塊）-sik（一杯になる・一杯である）＝（ムオタㇰシㇰ『詰まって群生する塊、一杯になる』）

「びっしりと詰まって大きな塊となって生える茸」

シメジ

si（それ・自ら）-mu（塞がる）-e（自動詞に接続して他動詞を構成する）-usi（場所・所）＝（シムエウシ『それ、

塞ぐ所』）
「落ち葉や枯れ草の影に隠れて生える茸」

イクジ〈秋田弁〉

---

i（それ）-kur（姿）-ci（群在する・固まってある）＝（イクㇽチ『それ、姿固まってある』）
「かたまり生える茸」

茸（きのこ）

---

ki（立った）-i（物）-nu（側・の方にある）-okot（くっつく・くっついている）-p（もの）＝（キイヌオコッㇷ゚『立った物（木）側、くっついているもの』）
「木に生えている物」

心情を表す言葉

◎シイで終わる形容詞

素晴らしい（並一通りでない）

sut（根元・麓）-para（広い）-si（本当に〈心からそう思っている様・程度の甚だしい〉）-hi（のよう・様子〈状態・状況〉）＝（スッパラシヒ『麓広い、本当に、のよう』）

「裾野が広がっていると、心からそう思っている様のよう」

高い山の頂から、下界を見下ろしている時の気持ちが、元になっています。

うれしい

ure（赤い）-si（本当に）-hi（のよう・様子）＝（ウレシヒ『赤い、本当に、のよう』）

「赤く熟したと、心からそう思っている様のよう」熟した果物を見つけたときの気持ちから、生まれた言葉です。

悲しい

kat（様子・姿）-nam（冷たい）-si（本当に）-hi（のよう・様子）＝（カッナムシヒ『様子冷たい本当に、のよう』）

「死んでしまったと、心からそう思っている様のよう」

優しい

yas（網ですくう）-say（ひとくくりの物〈連〉・魚の群れ）-si（本当に）-hi（のよう・様子）＝（ヤシサイシヒ『網ですくう魚の群れ本当に、のよう』）

「（魚が）一度に沢山とれたなあと、心からそう思っている様のよう」

うらやましい

ur（丘）-ra（下の方）-yam（栗）-a（多い）-si（本当に）-hi（のよう・様子）＝（ウルラヤマシヒ『丘の下の方は、栗が多い本当に、のよう』）

「丘の下の所は栗が多いと、心からそう思っている様のよう」で、栗が多くあっていいなあ。という気持ち。

恨めしい（不当だと思いながら耐えている様）

wen（悪い・間違っている・だめだ）-ram（思い・心）-e（させる・する）-si（本当に〈程度の甚だしい〉）-hi（のよう・様子）＝（ウエンラメシヒ『間違っている、思いする本当に、のよう』）

「間違っていると、心からそう思っている様のよう」

恋しい

ko（それ〈人〉に対して）-ir（身内・繋がっている）-si（本当に）-hi（のよう・様子）＝（コイリシヒ『それに対して繋がっている本当に、のよう』）

「相手に対して、繋がっていると、心からそう思っている様のよう」

一方的に思いを寄せている様。

厳しい（きびしい）〈険しい〉

kir（山）-pi（削る・剥ぐ）-e（させる・する）-si（本当に〈程度の甚だしい〉）-hi（様子〈状態・状況〉）＝（キリピエシヒ『山削れさせる本当に、のよう』）

「山が削れていると、心からそう思っている様のよう」

険しい（けわしい）

ke（削る）-e（させる・する）-wa（縁・岸）-si（本当に〈心からそう思っている・程度の甚だしい〉）-hi（様子〈状態・状況〉）＝（ケワシヒ『削らせる縁本当に、のよう』）

「削れている縁だと、心からそう思っている様のよう」

嫌らしい（いやな感じがする・いやみったらしい）

i＝（私に）-i（それを）-yar（～させる）-si（本当に）-hi（のよう・様子）＝（イイヤラシヒ『私にそれをさせる本当に、のよう』）

「どうして私にやらせるんだと、心からそう思っている様のよう」

○いやっ

i = （私に）-i（それを）-yar（～させる）=（イイヤラ『私にそれをさせる』）「なんで私がやらなくちゃ行けないの！」

※音の変化　イイヤラ ⇓ イヤラ ⇓ イヤッ

○やらせる

i（それを）-yar（～させる）-se（～の状態をなす・～状の）-ruwe（様子・こと・所）=（イヤラセルウエ『それをさせる状態をなすこと』）で「やらせる」

※音の変化　イヤラセルウエ ⇓ イヤラセルウ ⇓ ヤラセル

苦しい（身体が痛んでつらい・心がもだえて安らかでない・せつない）

kut（帯び・箍〈締め付ける物〉）-ruy（多い・強い・激しい）-si（本当に）-hi（のよう・様子）=（クッルイシヒ『帯び強い本当に、のよう』）

「体が強く締め付けられると、心からそう思っている様のよう」

疑わしい（本当かどうかわからない・おぼつかない・あやしい）

uta（〈棒で〉つく）-kat（姿・様子）-uwa（知らないよ・わからないよ）-si（本当に）-hi（のよう・様子）=（ウタカッウワシヒ『〈棒で〉つく姿、わからないよ本当に、のよう』）

「棒でつきながら様子を見るが、よく分からないと、心からそう思っている様のよう」

○疑い

uta（つく）-kat（姿・様子）-hi（様子・～のよう）=（ウタカッヒ『棒でつく姿のよう』）

「棒でつっついて様子を伺っている様」

○疑う

uta（つく）-kat（姿・様子）-un（ある・いる）=（ウタカッウン『〈棒で〉つく姿でいる』）

「棒でつっついて様子を伺っている」

おかしい（つい笑いたくなる・変だ・変わっている・みすぼらしい）

o（多い・群生する）-ka（シラミの卵）-si.（本当に）-hi（のよう・様子）＝（オカシヒ『群生するシラミの卵本当に、のよう』）

「人の頭に沢山シラミの卵があると、心からそう思っている様のよう」

おとなしい

o（生ずる）-to（水の流れる所）-na（それ）-us（消える）-si.（本当に）-hi（のよう・様子）＝（オトナウㇱシヒ『生ずる水の流れる所、それ消える本当に、のよう』）

「水の音が聞こえなくなったと、心からそう思っている様のよう」

○音（おと）

o（生ずる）-to（水の流れる所）＝（オト『生ずる水の流れる所』）で「水の流れる音」

喧しい（やかましい）

yak（破堤する）-ma（して・て）-un（いる・ある）-si.（本当に〈程度の甚だしい〉）-hi（のよう・様子〈状態・状況〉）＝（ヤㇰマウンシヒ『破堤している本当に、のよう』）

「大水で岸が破られて〈ゴウゴウと水音がして〉いると、心からそう思っている様のよう」

騒がしい（さわがしい）

si.（子供）-aw（家の中）-an（いる）-kar（する）-si.（本当に〈程度の甚だしい〉）-hi（のよう・様子）＝（シアワンカㇻシヒ『子供が家の中にいてする本当に、のよう』）

「子供が家の中にいて動き回っていると、心からそう思っている様のよう」

愛らしい（幼い子などがかわいらしい）

a＝（私〈たち〉｛人称接辞｝）-ir（繋がっている）-ram（心）-si.（本当に）-hi（のよう・様子）＝（アイラㇺシヒ『私、繋がっている心本当に、のよう』）

「心が引きつけられると、心からそう思っている様のよう」

かわいらしい（かわいく見える・小さくほほえましい）

kat（姿・様子）-wa（から）-a＝（私〈たち〉〔人称接辞〕）-ir（繋がっている）-ram（心）-si（本当に）-hi（のよう・様子）＝（カッワイラムシヒ『様子から、私、繋がっている心本当に、のよう』）

「姿から、心が引きつけられると、心からそう思っている様のよう」

涼しい（ほどよく冷やかである）

sus（水浴する）-un(いる)-hi（のよう・様子〈状態・状況〉）-si（本当に）-hi（のよう・様子）＝（ススンヒシヒ『水浴している様子本当に、のよう』）

「水浴しているみたいだと、心からそう思っている様のよう」

煩わしい（うるさい・面倒である・入り組んでいる・複雑である）

wa（縁・岸）-tu（肩）-ray（ひどく〈甚だしい〉・大きい大きい〈より以上に〉）-an（ある）-si（本当に）-hi（のよう・様子）＝（ワドライアンシヒ『岸肩ひどくある本当に、のよう』）

「岸に肩がひどくあると、心からそう思っている様のよう」

憎らしい〈気に入らない・かわいげがない〉

ni（歯）-kuy（噛む）-ray（ひどく・程度が甚だしい）-si（本当に）-hi（のよう・様子）＝（ニクイライシヒ『歯噛むひどく本当に、のよう』）

「歯ぎしりすると、心からそう思っている様のよう」

○憎い（にくい）〈腹立たしい・しゃくに障る〉

ni（歯）-kuy（噛む）-hi（様子〈状態・状況〉）＝（ニクイヒ『歯噛む様子』）

「怒り悔しがって歯ぎしりをする様」

忌々しい（いまいましい）

imu（陽性ヒステリー〈こちらから言う言葉の反対の行動をする〉）-an（ある・である・いる）-imu（陽性ヒステリー）-an（ある・である・いる）-si（本当に）-i（のよう・

様子）＝（イムアンイムアンシヒ『陽性ヒステリーである、陽性ヒステリーである本当に、のよう』）

「全く言う事を聞いてくれないと、心からそう思っている様のよう」

悔しい（くやしい）

kut（帯び・箍〈締め付ける物〉）-yay（自分・自身・自ら）-hi（に）-si（本当に）-hi（のよう・様子）＝（クッヤイヒシヒ『帯び自身に本当に、のよう』）

「自分自身を締め付けると、心からそう思っている様のよう」

◇広辞苑にある意味

取り返しの付かないことで残念である

（相手にはずかしめられたり、自分の無力を思い知らされたりして）腹立たしい・しゃくだ・いまいましい

○悔やむ（くやむ）

kut（帯び・箍〈締め付ける物〉）-yay（自分・自身・自ら）-mu（詰まる・塞がる）＝（クッヤイム『帯び自身詰まる』）

「自分自身を締め付けること」

みすぼらしい

mip（着る物）-suy（穴）-poro（増える・大きくなる）-an（ある・いる）-si（本当に）-hi（のよう・様子）＝（ミプスイポロアンシヒ『着る物、穴増えている本当に、のよう』）

「着物の穴が増えている（ぼろぼろになっている）と、心からそう思っている様のよう」

◎イ「古語のヒ」で終わる形容詞

明るい（光が十分にさしてものがよく見える状態である・明らかである）

a（燃える）-kar（する〈その状況・状態にある〉）-ruy（多い・強い）-hi（のよう・様子）＝（アカルイヒ『燃える、する、強い様子』）

「勢いよく燃えている様・明明と炎を上げている様」

暗い

kut（崖）-raw（底）-hi（～のよう）＝（クッラウヒ『崖の底のよう』）

「日の光の届かない崖の底の様」

※音の変化　クッラウヒ⇓クライ

黒い（くろい）

kur（影）-or（そこ・の中・の所）-hi（のよう・様子〈状態・状況〉）＝（クロッヒ『影の中のよう』）

「物陰の様」

地名にある黒（クロ）の場合は、次のような意味を持ちます。

○黒沢（くろさわ）〈桧木内川沿い等〉

kut（崖）-or（の所）-o（それ・で）-si（ずっと〈続く〉）-an（ある・いる）-wa（縁・岸）＝（クッオロシアワ『崖の所、それずっと続いている岸』）

「沢や川沿いに崖になった所が続く」

○黒瀬（くろせ）〈雄物川沿い〉

kut（崖）-or（の所）-o（それ・で）-sep（広い・幅がある・広くなる）＝（クッオロセプ『崖の所、それ幅がある』）

「崖になっている所は、幅が広い」

白い

si（本当に・全く・最も）-iro（色）-hi（のよう・様子）＝（シイロヒ『最もな色のよう』）

「この上ない色の様」

白は、他の色とは、比較にならない色だ。と思われていたようです。

熱い

a（強意）-ci（煮える・焼ける・熱す）-un（いる）-hi（のよう・様子）＝（アチウンヒ『とても熱している様子』）

「とても、熱がある様」

○アッチチイ

ar（全く〈本当に〉）-ci（煮える・焼ける・熱す）-ci（煮える・焼ける・熱す）-hi（のよう・様子）＝（アッチチヒ『全く、熱す熱す、様子』）

「ものすごく熱い様〈「熱す」を繰り返すことで、さらに意味を強めている〉」

○アッチナ（秋田弁）
ar（全く〈本当に〉）-ci（煮える・焼ける・熱す）-na（よ・ぞ・から〈念を押す〉）＝（アッチナ『全く、熱すよ』）
「本当に熱いね」

寒い

si（本当に）-yam（冷たい・冷たくなる）-un（いる）-hi（様子〈状態・状況〉）＝（シヤムンヒ『本当に冷たくなっている様子』）
「とても冷たくなっている様」
○寒気（さむけ）
si（本当に）-yam（冷たい・冷たくなる）-un（いる）-kew（体）＝（シヤムンケウ『本当に冷たくなっている体』）
「無性に体が冷たく感じる」
○シャッケ（秋田弁）
si（本当に）-yam（冷たい・冷たくなる）-ku（私〈の〉）-kew（体）＝（シヤㇺクケウ『本当に冷たい私の体』）
「無性に体が冷たい」
○サンビ〈秋田弁〉
sam（火のそばへ行く）-upis（揃う・連なる）＝（サムピㇱ『火のそばへ行く、そろう』）
「火のそばに集まる」
音の変化は「サムピㇱ⇓サンピ⇓サンビ」でしょう。

暖かい

a（燃える）-at（立つ）-ta（そこ）-ke（の所・の部分）-an（ある・いる）-hi（のよう・様子）＝（アアッタケアンヒ『燃え立つ、そこの所にいる様子』）
「燃え上がる火のそばにいる様」
◇アッタケ（秋田弁）
a（燃える）ー at（立つ）-ta（そこ）-ke（の所・の部分）＝（アッタケ『燃え立つ、そこの所』）
「燃え上がる火のそば」
火に当たっている様子から生まれた言葉ですね。

くさい

kusisi（醸す）-an（ある・いる）-hi（のよう・様子）＝（クシシアンヒ『醸している様子』）
「匂い〈発酵臭〉がする様」
○クッセ

kusisi（醸す）-se（の状態をなす）-e（させる・する）
=（クシシセエ『醸す状態をなさせる』）
「匂い〈発酵臭〉がしている」

○くさや（干物）
kusisi（醸す）-an（ある・いる）-ya（よ）=（クシシアンヤ『醸しているよ』）
「匂い〈発酵臭〉がしているよ」

○カマリシ（臭いがする〈秋田弁〉）
kama（上を越す・越える）-rik（上の方へ）-si.（本当に〈程度の甚だしい〉）-hi（のよう・様子）=（カマリㇰシヒ『越えて上の方へ本当に、のよう』）
「匂いが辺りに漂っていると、心からそう思っている様のよう」

○匂い・臭い（におい）〈香り・臭気〉
ni.（吸う）-o（入っている・入れる）-y（もの）=（ニオイ『吸い入れるもの』）
「鼻に吸い入れるもの」

○匂う・臭う（におう）
ni.（吸う）-o（入っている・入れる）-us（付いている・ある）=（ニオウㇱ『吸い入れてある』）
「鼻に吸い入れて感じている」

遠い

to（あれ・あそこ〈離れた所〉）-or（終わりにある・尻にある）-hi（のよう・様子）=（トオッヒ『あそこ、終わりにある様子』）
「離れた果ての様」

○遠く
to（あれ・あそこ〈離れた所〉）-or（終わりにある・尻にある）-kus（向こう）=（トオッㇰㇱ『あそこ、終わりにある向こう』）
「離れた遙か彼方」

近い

ci（私達・それ）-ko（と共に）-an（ある・いる）-hi（のよう・様子）=（チコアンヒ『私達と共にある〈いる〉様子』）
「共にいる〈ある〉様」

◇近く
ci（私達・それ）-ko（と共に）-an（ある・いる）-kus（向

かい）＝（チコアンクㇱ『私達と共にある〈いる〉向かい』）
「共にいる〈ある〉少し離れた辺り・そば」

高い（たかい）

tarak（凸〈突き出ている事〉）-ka（〈の〉上・上辺）-hi（のよう・様子〈状態・状況〉）＝（タラッカヒ『凸の上のよう』）
「突き出ている所の頂のような様」

低い（ひくい）

pi-un（深く削られた）-kut（崖）-hi（のよう・様子〈状態・状況〉）＝（ピンクッヒ『深く削られた崖のよう』）
「深い崖の底のような様」

大きい（容積が多くの場所を占めている）

oo〈ho〉（深い）-ki（立った〈上方に運動を起こしてはっきりと姿を表す〉）-hi（のよう・様子）＝（オオ〈ホ〉キヒ『深く立った様子』）
「〈水の流れ等が〉深く水嵩が増している様」

小さい（容積が占める場所が少ない）

ciw（流れ）-sat（干上がった）-hi（のよう・様子）＝（チウサッヒ『流れ、干上がった様子』）
「水の流れが干上がって、水量が減った様」

太い

fup（腫れ物・腫らす）-toy（強意）-hi（のよう・様子）＝（フㇷ゚トヒ『腫らす、際立つ様子』）
「腫れが際立つ様」

細い

po（小さい・わずかな）-so（滝）-hi（のよう・様子）＝（ポソヒ『〈流れ落ちる水が〉わずかな滝のよう』）
「水量がわずかで幅が狭い滝の様」

深い（表面から底までの距離が長い）

pus（浮きあがる）-kar（する〈その状況・状態にある〉）-hi（のよう・様子）＝（プㇲカㇻヒ『浮きあがる、する様子』）

「足が付かず、浮きあがってしまう様」

浅い（表面から中に入って距離が少ない）

as（立てる・立ち上がる）-awn（入る・入り込む）-hi（のよう・様子）＝（アサウンヒ『立てる、入り込む様子』）

「足で立てるくらいの水嵩の様」

堅い

kat（姿・様子）-tak（塊）-hi（のよう・様子）＝（カッタㇰヒ『姿塊のよう』）

「外見が固まった様」

柔らかい

i（それ）-aw（イカ）-ar（全く）-ramu（思う・考える）-kar（する〈その状況や状態にある〉）-hi（のよう・様子）＝（イヤワッラムカㇻヒ『それイカ全く、思わす様子』）

「まさにイカのような様」

広い

hi（様子）-ru（道・流域）-or（の所）-hi（のよう・様子）＝（ヒルオロヒ『様子流域の所のよう』）

「川の流れに沿った平野の様」

狭い

sem（山奥の方の）-awn（入る・入り込む）-hi（のよう・様子）＝（セマウンヒ『山奥の方の入り込む様子』）

「山奥の山間の様」

良い・好い（よい）

i-o（満ちる）-hi（のよう・様子）＝（イヨヒ『満ちる様子』）

「十分である様・文句の付けようがない様」

悪い

wayru（間違いをする・あやまち・うっかり犯した罪）-hi（のよう・様子）＝（ワイルヒ『間違いをする様子』）

「あるようにできない様」

軽い（かるい）

ka（上〈に〉）-ruy（しやすい・〜ぽい）-hi（のよう・

様子）＝（カルイヒ『上にしやすい様子』）
「持ち上げやすい様」

重い（おもい）

o（入れる・入っている）-mon（力）-o（多い）-hi（のよう・様子）＝（オモンオヒ『入れる力多い様子』）
「込める力が多い様」

好き（すき）

sukus（日光・日が差す）-hi（のよう・様子）＝（スクシヒ『日が差す様子』）
「心安らかでいられる様」

嫌い（きらい）

kira（逃げる・避難）-hi（のよう・様子）＝（キラヒ『逃げる様子』）
「避難しないではいられない様」
好き嫌いは、雷雨が近づく頃の気持ちと、その雨が上がった後の気持ちから生まれたように見えます。

緩い（ゆるい）

i（それ）-u-（互いに・お互い）-ru（わずかに・少し）-mu（詰まる）-hi（のよう・様子）＝（イユルムヒ『それお互いわずかに詰まる様子』）
「互いの詰まり具合が少し弱い様」
○緩む（ゆるむ）
i（それ）-u-（互いに・お互い）-ru（わずかに・少し）-mu（詰まる）-un（いる・ある）＝（イユルムン『それお互いわずかに詰まっている』）
「互いの詰まり具合が少し弱くなる」

温い（ぬるい）

nu（熱い）-ru（わずかに・少し）-hi（のよう・様子）＝（ヌルヒ『熱い、わずかに様子』）
「わずかに熱い様」

痛い

i＝（私〈を〉）-ta（打つ・切る）-hi（のよう・様子）＝（イタヒ『私を打つ様子』）

「打たれた時の様」

○イタタッ

i＝（私〈を〉）-tata（叩き切る・かじる）＝（イタイヒ『私をかじる』）

「かじられたようだ」

しょっぱい

sippo（塩）-a（多い・強意）-hi（のよう・様子）＝（シッポアヒ『塩強い様子』）

「塩味が強い様」

甘い（あまい）

amam（稗・粟・黍等の穀物）-hi（のよう・様子）＝（アマムヒ『穀物のよう』）

「穀物のような味の様」

アイヌ語で「あまい」は、topen（ドペン『あまい』）と言います。それは、ttope（乳・乳液・乳汁）-no（～のように）という音で形作られているようです。

辛い

kar（ぴりっとしみる）-a（強意）-hi（のよう・様子）＝（カラヒ『ぴりっとしみる強い様子』）

「とてもぴりっとしみる様」

アイヌ語ではparkarと言います。

par（口）-kar（ぴりっとしみる）＝（パラカラ『辛い・焼酎』）

飲んだときに、口にぴりっとしみる飲み物、という意味のようです。

○カレ（秋田弁）「辛いなあ！」

kar（ぴりっとしみる）-e（させる・する）＝カレ（ぴりっとしみている）

苦い

ninke（胆嚢・胆汁）-hi（～のよう・様子）＝（ニンケイ『胆嚢のよう』）

「胆嚢のような様」

◇ニンゲ（秋田弁）

ninke（胆嚢・胆汁）-e（それ）＝（ニンケエ『胆嚢、

それ』）

◎語尾に「やか・よか」が付く言葉

華やか（花のように美しい様・際だって鮮やかな様・華々しく栄えている様）

○ハナヤカという音の意味

pa（頭・頂）-na（〈の方〉にある）-hi（のよう・様子）-oka（〈に〉なる）＝（パナヒヨカ『〈茎の〉頭にある＝花、のようになる』）

「花のような様」

「ヨカ」の「ヨ」は、次の「カ」に引っ張られて「ヤ」になりました。そのため「ヨカ」とも「ヤカ」とも言います。

健やか〈すこやか・すくよか・すくやか〉（病気をせず、体の丈夫な様）

○スクヨカという音の意味

sukp（若い〈四〇歳代まで〉・成長する）-hi（のよう・様子）-oka（〈に〉なる）＝（スクプヒヨカ『若い様子になる』）

「若々しくなる〈若々しく暮らす〉様」

穏やか（取り立てた激しさが見られず、静かな様・心が落ち着いて安らかな様

○オダヤカという音の意味

ota（砂）-un（ある）-hi（のよう・様子）-oka（〈に〉なる）＝（オタンヒヨカ『砂ある様子になる』）

「砂が、底にずっと留まるような流れになる様〈流れが緩やかになること〉」

緩やか（ゆるい様・ゆとりのある様・傾斜が急でない様・なだらか・動きなどがゆっくりしている様）

○ユルヤカという音の意味

i（その）-un（所）-ru（道・流域）-hi（のよう・様子）-oka（〈に〉なる）＝（イユンルヒヨカ『その所、流域のようになる』）

「場所が、流域の平地のようになだらかになる様」

さわやか（すがすがしく快い様・気分の晴れ晴れした様・はっきりしている様・鮮やかな様）

○サワヤカという音の意味

sa（前・水辺に近い方）-wa（縁・岸）-un（〈に〉いる）-hi（のよう・様子）-oka（〈に〉なる）＝（サワンヒヨカ『水辺に近い岸にいるみたいになる』）

「川や海の水辺にいるような様」

晴れやか（晴れ渡った様・心配や悩みがなく気持ちがすっきりしている様・華やか・派手やか）

○ハレヤカという音の意味

paru（吹き飛ばす）-e（させる・する）-hi（のよう・様子）-oka（〈に〉なる）＝（パルエヒヨカ『吹き飛ばさせる様子になる』）

「雲が吹き飛んで、青空が広がるような様」

和やか（なごやか）（気分が和らいでいる様・おだやか・のどやか・ものやわらか）

○ナゴヤカという音の意味

nan（顔）-kot（くっつく・くっついている）-hi（のよう・様子）-oka（〈に〉なる）＝（ナンコッヒヨカ『顔くっつく様子になる』）

「ほおずりをするような様」

ほおずりは、親愛の情を示す行為です。

しめやか（ひっそりと・物静かな様・沈んで物悲しげな様・しんみり・しとやかな様）

○シメヤカという音の意味

si（本当に）-mem（深く青い流れ）-hi（のよう・様子）-oka（〈に〉なる）＝（シメㇺヒヨカ『本当に深く青い流れのようになる』）

「まさに波立たない深い水の流れのような様」

しとやか（言語動作の落ち着いて上品な様・性情の穏やかでたしなみの深い様）

○シトヤカという音の意味

si（大きな）-to（湖沼）-hi（のよう・様子）-oka（〈に〉なる）＝（シトヒヨカ『大きな湖沼のようになる』）

「大きな湖沼の水面のような様」

きらびやか（きらめいて美しい様・はでやかに美しい様・きっぱり・はっきり）

○キラビヤカという音の意味

ki（光）-ras（切れ端）-pi（ほぐす）-hi（のよう・様子）-oka（〈に〉なる）＝（キラピヒヨカ『光の切れ端、ほぐす様子になる』）

「光が拡散するような様」

伸びやか〈のびらか〉（長く伸びた様・心がゆったりしている様）

○ノビヤカという音の意味

no（本当に・全く・十分に）-pi（ほぐす・引く）-hi（のよう・様子）-oka（〈に〉なる）＝（ノピイヨカ『十分にほぐす様子になる』）

「十分に伸ばし広げる様」「完全に解き放たれる様」

涼やか（涼しい様・さわやかな様）

○スズヤカという音の意味

sus（水浴する）-un（いる）-hi（のよう・様子）-oka（〈に〉なる）＝（ススンヒヨカ『水浴している様子になる』）

「水浴しているときのような様」

軽やか（いかにも軽そうな様・軽快な様）

○カロヤカという音の意味

ka（上）-un（に・へ）-ruy（しやすい）-hi（のよう・様子）-oka（〈に〉なる）＝（カンルイヒョカ『上にしやすい様子になる』）

「上に上げやすい様」

しなやか（上品な様・たおやか・しなう様・弾力に富んでたわむ様）

○シナヤカという音の意味

sina（縛る）-un（ある・いる）-hi（のよう・様子）-oka（〈に〉なる）＝（シナウンヒヨカ『縛っているみたいになる』）

「ひもで縛り、引き曲げられている様」

◇撓る・しなり＝sina（縛る）-ruy（強い）

あでやか〈あてやか〉（未熟に見えながらしっとりと洗練された美しさ〈美しいとは整っていることでもある〉・しっとりと上品である・何気ないようで優雅である）

○アテヤカという音の意味

atte（掛ける・つるす・立てる）-un（ある・いる）-hi（のよう・様子）-oka（〈に〉なる）＝（アッテンヒヨカ『掛けてある様子になる』）

「放置せず、つるしたり、掛けたり、立てかけたりして整理整頓されている様」

ふくやか〈ふくよか〉（肥えている様・ふっくらとしている様・柔らかで豊かな様）

○フクヨカという音の意味

fup（腫れ物・腫らす）-kur（姿）-hi（のよう・様子）-oka（〈に〉なる）＝（フプクㇽヒヨカ『腫らす姿のようになる』）

「腫れている様」

◇太い

fup（腫らす）-toy（強意）-hi（のよう・様子）「腫れて際立つ様」

細やか（こまやか）（小さい様・些細な様・詳しい様・細かな点まで行き渡って優れている様・心を込めた様・愛情を込めた様）

○コマヤカという音の意味

kom（粉）-awn（入る・入り込む）-hi（のよう・様子）-oka（〈に〉なる）＝（コマウンヒヨカ『粉が入り込む様子になる』）

「粉が隙間に入り込むような様」

のどやか（のんびりと落ち着いて静かな様・気に掛からない様・天気が良くて穏やかな様）

○ノドヤカという音の意味

noto-an（凪・凪いでいる）-hi（のよう・様子）-oka（〈に〉なる）＝（ノトアンヒヨカ『凪いでいる様子になる』）

「風がやんで波が穏やかな様」

鮮やか（あざやか）（際だってくっきりと美しい様・新しくて気持ちがいい様・胸のすくほどさえて見事な様）

○アザヤカという音の意味
a（燃える）-sara（現れる）-hi（のよう・様子）-oka（〈に〉なる）＝（アサラヒヨカ『燃えて現れる様子になる』）
「朝日が現れるような様」

派手やか〈はでやか〉（派手な様（色取り・装い・行動などが華やかな様）・花のように美しい様・華麗〈華やかで美しいこと〉）

○ハデヤカという音の意味
pa（見つける・発見する）-te（させる）-hi（のよう・様子）-oka（〈に〉なる）＝（パテヒヨカ『見つけさせる様子になる』）
「目立つ様・目を引きつける様」

◎語尾に「らか」が付く言葉　清らか（汚れのない様・清く美しい様）

ki（光）-o（入っている・入れる）-ray（ひどく・甚だしい）-kar（する〈その状態や状況にある〉）＝（キヨライカラ『光入れる、甚だしくする』）
「光りが入いり際立っている様」
清らかな水は、光が入り込む透き通った水を表しています。

安らか（穏やかで無事な様・ゆったり気楽）

yas（魚を網ですくう）-uk（とる・採取する）-ray（ひどく・甚だしい）-kar（する）＝（ヤスクライカラ『魚を網ですくいとる、甚だしくする』）
「際だって網で魚をとっている様」
食べ物を、十分に確保できて安心だという気持ちから生まれた言葉でしょう。

明らか（曇り陰りが無くはっきりと明るい様）

a（強意）-ki（光）-ray（ひどく・甚だしい）-kar（する）＝（アキライカラ『強い光、甚だしくする』）
「はっきりと照らしている様」
◇きららか（きらきらして美しい様）
ki（光）-ras（切れ端）-ray（ひどく・甚だしい）-kar（す

る）＝（キラシライカㇻ『光の切れ端、甚だしくする』）
「光が降り注いでいる様」

柔らか（堅くない様・しなやかな様・ふっくら）

i（それ）-aw（イカ）-ar（全く）-ray（ひどく・甚だしい）-kar（する）＝（イヤワッライカㇻ『それイカ全く、甚だしくする』）
「際だってイカのようにグニャグニャしている様」

なめらか（すべすべ・つるつる・つかえない）

na（まだ・さらに・もっと）-mewe（引き倒す）-ray（ひどく・甚だしい）-kar（する）＝（ナメウエライカㇻ『さらに引き倒す、甚だしくする』）
「次々に立木を引き倒している様」

おおらか（分量の多い様・たっぷり・こせこせしない・おおよう）

oo〈ho〉（深い）-ray（ひどく・甚だしい）-kar（する）＝（オオ〈ホ〉ライカㇻ『深い、甚だしくする』）
「際だって深くなっている様」

つまびらか〈つばひらか〉（詳しい様・こと細かな様）

tu（屑）-pa（見つける）-pi（抜く）-ray（ひどく・甚だしい）-kar（する・とる）＝（ト゚パピライカㇻ『屑みつけて抜く、甚だしくする』）
「徹底して屑をみつけて取り除いている様」

なだらか（角立たない・なめらか・平穏）

natara（その状態や状況が続く・変化が無い）-ray（ひどく・甚だしい）-kar（する）＝（ナタラライカラ『変化が無い、甚だしくする』）
「際だって変化が無い状態にある様」

のびらか（長く伸びた様・心がゆったりしている）

no（よく・十分に）-pi（ほぐす・引く）-ray（ひどく・甚だしい）-kar（する）＝（ノピライカㇻ『十分に引く、甚だしくする』）
「誠に十分に引き延ばされている様」

ほがらか（打ち開けて明るく広々とした様・日や月の光が差して明るい様）

hoka（火〈熱と光を出して燃えているもの〉）-ray（ひどく・甚だしい）-kar（する）＝（ホカライカㇻ『火、甚だしくする』）

「明明と火が起こっている様」

うららか（空が晴れて日影の明るく穏やかな様）

urar（霧・もや）-us（消える）-ray（ひどく・甚だしい）-kar（する）＝（ウラルㇱライカㇻ『霧消える、甚だしくする』）

「すっかり霧が消えて、晴れ上がっている様」

意味が分かることで、驚いたり感心したりした言葉

ここでは、色々な言葉を調べる中で、特に驚いたり感心したりしたことを紹介します。

尻（しり）とお尻（おしり）

○尻（しり）

sir（図体）-rik（高い所）＝（シッリク『図体の高い所』）

「筋肉が豊で高く盛り上がった所」

○お尻（おしり）

os（後ろで・後ろ・尻）-sir（図体）-rik（高い所）＝（オッシリリク『後ろで、図体の高い所』）

「体の後方で、筋肉が豊で高く盛り上がった所」

「お尻」の「お」は「尻」を丁寧に言っている訳ではないということが分かりました。

お尻と尻の違いは「os（後ろで・後ろ・尻）」という音が、入っているか否かという違いなのです。

子（こ）とお子（おこ）

○子（こ）

〈o〉kot（くっつく・くっついている）-p（もの）＝（〈オ〉コップ『くっついているもの』）

「親にくっついているもの」

音の変化　オコップ⇓コッ⇓コ

「お子」の「お」もお尻と同じように「子」を丁寧に言っているということではありません。「子」は「オコッ」の語頭音「オ」が消えた言葉です。

「お子を授かる」という言葉は、語頭音オが残った言葉です。

このことから「子ども」という言葉は、次のような意味になります。

〈o〉kot（くっつく・くっついている）-tomo（側へ）

-un（いる）＝〈〈オ〉コットモン『くっつく側へいる』）

「親のそばにいる」

くっつく側とは「親のそば」ということです。子供は、親に抱かれたり、おぶさったり、手を引いてもらったり、親にくっついているもの。不安になったら、親に体を寄せるものだからです。

また「okot（くっつく・くっついている）」の入った言葉には「お焦げ・焦げ」とか「茸」というような言葉もあります。

○お焦げと焦げ

〈o〉kot（くっつく･くっついている）-p（もの）-ke（～の所・～の部分）＝〈〈オ〉コップケ『くっついているものの部分』）

「物の焼け付いている部分」

「お焦げ」の「お」も、お尻のおと同様、「焦げ」を丁寧に言っている訳ではありません。「焦げ」は「お焦げ」の語頭音「お」が消えた言葉です。

○茸（きのこ）

ki（立った）-i（もの）-nu（～側）-okot（～にくっついている）-p（もの）＝（キヌオコップ『立ったもの側にくっついているもの』）

「木のまわりにくっついているもの」

ki（立った）-i（もの）は「木」を表す音です。

ここで、なるほどと思った事は、頭に「お」が付くものすべてが、丁寧な言い方とは限らないということでした。

「親（おや）」と「お袋（おふくろ）」そして「母（はは）」

○親（おや）

「古くは、母のこと」と広辞苑にはあります。そこで音の持つ意味を調べてみますと、次のようになりました。

o（入っている・生ずる）-ay-ay（赤子）＝（オアヤイ『入っている赤子・生ずる赤子』）

「身ごもっているもの・子を産むもの＝母」

音の変化は、オアヤイ⇓オヤイ⇓オヤとなるようです。母音は消えやすいのです。

父は、オヤという音の本来の意味に合わないことから、元々は、親の範囲に入っていなかったことが分かります。

やがて父が、父親と呼ばれるようになるのは、本来のオヤという音の持つ意味が、分からなくなってからのことなのでしょう。

○お袋（おふくろ）さん

オフクロという音は、次のような意味を持ちます。

o（入っている・入れる）-hup（腫れ物・腫らす）-kur（姿）-or（の中）＝（オフプクロッ『入っている、腫らす姿の中』）

「妊娠してお腹を大きくしている人」

具体的に説明すると「胎児が包まれる膜と胎盤〈胞衣＝えな〉を持つ者」という意味にもなります。膜や胎盤は、俗に後産といわれ、胎児の分娩後続いて排出されます。

お腹が大きくなった妊婦さんを見て「子供を産む袋を持つ人」という思いから、親しみを込めた呼び方として、現在も言い継がれています。

○母（はは）

アイヌ語で母は「hapo（ハポ）」と言います。このことからヒントを得て、音の並びを次のように考えました。

ha（水が流れる・流出）-po（子供）-o（生ずる・入っている）＝（ハポオ『水が流れる、子供生ずる』）

「破水して赤ちゃんが生まれる人（子を生む人）」

音の変化は「ハポオ⇓ハポ⇓ハフォア⇓ハファ⇓ハハ」となるようです。ハフォアの最後の無声音「ア」は、フォを発してから、口の動きが緩むことで発生するものです。

ここからは、秋田弁で母を表す言葉です。

◇アバ〈秋田弁〉という音の誕生

音の変化は「ハポオ⇓ハボオア⇓アボア⇓アバ」で、唇音が濁音に変わる秋田弁の特徴から生まれた言葉ではないかと推測されます。

○オッカア〈秋田弁でお母さん〉

okot（くっつく・くっついている）-a＝（私）＝（オコッア『くっつく私』）

「私がそばにいる（私がくっつく）人」

◇カア〈秋田弁で母さん〉

〈o が消えた〉kot（くっつく・くっついている）-a＝（私）＝（コッア『くっつく私』）

オッカアとカアの違いは、語頭の母音オが消えたものと残ったものとの違いです。

この呼び方は、子供から見た母を表しています。

以上のことから「子供は、親のそばにいることで、安心して育つことができるものなのだ」ということが、よく分かります。

子供を意味する音「si（子ども）」の入った言葉

ここでは、この言葉が生まれた頃、子供という存在がどんなものであったのか、分かってきます。

○しつける

si（子ども）-tuk（育つ）-e（自動詞に継続して他動詞を構成する）-ruwe（こと）＝（シドケルウエ『子どもを育てること』）

「子供を、真っ当な人間に育てること」

○叱る

si（子ども）-kar（作る・直す）-ruwe（こと）＝（シカッルウエ『子どもを直すこと』）

「人として正しい状態にすること」

この「叱る」と、是非とも対にしたい言葉が「ほめる」です。叱りっぱなしでは、子は育ちにくいです。そのため、叱った後は、ほめることができるよう寄り添い導く必要があります。そこまでやって、初めて叱るという行為が完結します。

◇ほめる

homsu（ねぎらう）-omap（かわいがる）-e（させる・する）-ruwe（こと・様子）＝（ホムスオマプエルウエ『ねぎらったりかわいがったりする事』）

音の変化は「ホムスオマプエルウエ ⇩ ホムマエル ⇩ ホメル」となるようです。

○騒がしい（さわがしい）

si（子供）-aw〈家の中〉-an（いる）-kar（する〈その事柄が起こる・その状態や状況にある〉）-si（本当に〈心からそう思っている様・程度の甚だしい様〉）-hi（のよう・様子）＝（シアワンカッシヒ『子供が家の中にいてする本当に、のよう』）

「まさに、子供が、家の中で走り回ったり泣き叫んだりする様のよう」

○セワシネ（動きが急で激しい・落ち着かない〈秋田弁〉）

si（子供）-e（が）-aw（家の中）-an（いる）-si（本当に〈心からそう思っている様・程度の甚だしい様〉）-ne（だ・になる・である・強調）＝（シエアワンシネ『子供が家の中にいる本当に、大変だ〈強調〉』）

「まさに、子供が、家の中をかけずり回っている様だ」

「騒がしい」も「セワシネ」も、子供が、家の中にいる時の様子から生まれた言葉です。

○幸せ（しあわせ）
si（子供）-aw〈家の中〉-an（いる）-se（の状態を成す・状の）-e（させる〈許容する〉・する）＝（シアワンセ『子供が、家の中にいる状態を成させる』）

「家族の一員として、子供がいるようになること」

ここからは、子供というものは、手は掛かるが、家族にとっては、貴重な存在だということが分かります。

最後に、子供に関係する言葉を、もう一つ紹介します。

○童（わらべ）とワラシ・ボンジ〈秋田弁〉

◇童
u-ari（産む）-an（いる・生まれる）-pe（もの）＝（ウワリアンペ『生まれた者』）

◇ワラシ
u-ari（産む）-an（いる・生まれる）-si（子供）＝（ウワリアンシ『生まれた子供』）

この中にある u-ari（産む）は「u-（互いに）-ari（残す）」＝（夫婦で残す）という音の並びで構成されています。

◇ボンジ
pon（幼い・小さい）-si（子供）＝（ポンシ『幼い子供』）

賢しいと賢い

広辞苑には「賢しい＝優れている・聡明だ・心がしっかりしている等」「賢い＝恐ろしいほど明察の力がある・才知、思考、分別などが際立っている等」と説明されています。

では、その音の並びは、どんなことを言っているのでしょう。

○賢しい（さかしい）
sara（現れる）-kar（する）-si（本当に〈程度の甚だしい・心からそう思っている様〉）-hi（のよう・様子〈状態・状況〉）＝（サラカㇻシヒ『〈見えなかった物〉現す本当に、のよう』）

「ひらめく程度の甚だしい様のよう」

◇賢い（かしこい）
kar（作る・直す）-si（それ〈を〉・自ら）-kor（もつ・生む・司る）-hi（のよう・様子）＝（カッシコッヒ『作る・直す、それを司る様子』）

「すすんで作ったりなおしたりする様」

このことから、賢しいは「発想豊かなこと〈思慮深くアイデアに富むこと〉」賢いは「創造性豊かなこと〈創意工夫に優れていること〉」を示しているように見えます。

楽しいと頼もしい

この二つの言葉は、関係のない言葉のように見えますが、それを構成する音を調べると、極めて近い言葉である事がわかります。

○楽しい（満足で愉快な気分である・豊かである）
ta（とる）-a（た〈過去・完了〉）-num（実）-si（本当に〈心からそう思っている様・程度の甚だしい〉）-hi（のよう・様子〈状態・状況〉）＝（タアヌㇺシヒ『とった実本当に、のよう』）
「木の実を取ったと、心からそう思っている様のよう」
まさに、栗の実等を拾い集めたときの気持ちを表しているような言葉です。

○頼もしい（安心である・心強い）
ta（とる）-a（た〈過去・完了〉）-num（実）-o（多い）-si（本当に〈心からそう思っている様・程度の甚だしい〉）-hi（のよう・様子〈状態・状況〉）＝（タアヌモシヒ『とった実多い本当に、のよう』）
「とった実が多いと、心からそう思っている様のよう」
タノシイからは「収穫の喜び」が感じられ、タノモシイからは「沢山実が採れて、これで冬を越すことができると、安堵した様子」を、感じとることができます。

meru（きらめき・閃光）の入った言葉

○辞める（やめる）
iyay（危ない）-meru（きらめき・閃光）-u-（ある〈存在する・現れる〉）＝（イヤイメルウ『危ない閃光ある』）
「危ない稲光がしている〈のでやめる〉」

○始める（はじめる）
pa（向こう側〈離れた所〉）-sir（天気・辺り・地）-meru（きらめき・閃光）-u-（ある）＝（パシㇼメルウ『向こう側、天気閃光ある』）
「稲光が離れていく〈ので再び始める〉」

○あきらめる〈仕方が無いと断念する〉
a＝（私・私達〈人称接辞〉）-kira（逃げる・避難）-meru（きらめき・閃光）-u-（ある）＝（アキラメルウ『私達にげる、閃光ある』）
「稲光がするのでさっさと避難する」

○〈気が〉咎める（とがめる）
to（あれ・あそこ〈隔たっている所〉）-ka（〈の〉上・

上辺）-meru（きらめき・閃光）-u-（ある〈存在する・現れる〉）＝（トカメルウ『あそこの上、閃光ある』）
「遠くで稲光がして、雷が近づいてくるのではないかと気に掛かる」

咎めるについて、広辞苑には「気に掛かる・取り立てて気にするという意味で使用する」とあります。

○いじめる

iru（一続きである・連なる）-ci（やたらに〈多い〉）-meru（きらめき・閃光）-u-（ある）＝（イルチメルウ『一続きでやたらに閃光ある』）
「立て続けに雷が、光り鳴り響いている」

秋田弁で、いじめることをヤシメルと言います。

◇ヤシメル（秋田弁）

yas（〈魚を〉すくう）-hi（頃）-meru（きらめき・閃光）-u-（ある〈存在する・現れる〉）＝（ヤシヒメルウ『魚をすくう頃、閃光ある』）
「魚をとっていると、雷が光り鳴り始めたので、漁をやめなければならないかと、嫌な思いをする」

これらの言葉は、稲光との関係から生まれた言葉です。古代の人々にとって、雷が、いかに恐ろしいものであったのかが分かります。

○目が覚める

mu（塞がる）-e（そこ）-ke（の部分・の所）-sara（〈覆われて見えなかったものが〉現れる）-meru（きらめき・閃光）-u-（ある）＝（ムエケサラメル『塞がるそこ〈まぶた〉の所に、現れるきらめきある』）
「まぶたに光を感じる」

言葉は、人と人との関わりはもちろんですが、自然現象との関わりの中で生まれたものも多いようです。

「愛」と「恋」

○愛

a＝（私・私達）-ir（身内・〈血が〉繋がっている）-hi（こと〈気持ち〉）＝（アイリヒ『私・私達、繋がっていること』）
「身内であると思う事」

「愛」は、本来は、親兄弟の慈しみ合う心を指し、その後、広く、人間や生物への思いやりや、男女間の、相手を慕う情をも含む言葉になりました。

○恋

ko（それに対して）-i＝（私の）-hi（こと〈気持ち〉）

＝（コイヒ『それに対して私のこと〈気持ち〉』）
「相手に対する気持ち」
○アイヌ語の恋（イヨシコッテ）
i（それ）-o（に）-sik（目）-kote（つなぐ）＝（イヨシコッテ『それに目つなぐ』）
「相手に視線を放つ」

「命（いのち）」と「生きる」という言葉

○命（いのち）〈生物の生きてゆく原動力：広辞苑〉という音の持つ意味
inun（食べ物を探す）-ochi（なのが常である）＝（イヌンオチ『食べ物を探すのが常である』）
「常に食べ物を探し、手に入れること」
イノチという音は、生存するためには、常に食べ物を探し求めていなければならない。と言っています。
このinunという音は、アイヌという言葉にも入っています。
◇アイヌ
a＝（私・私達）-inun（食べ物を探す）＝（アイヌン『私達は、食べ物を探す』）

「食べ物を探す立場にあるもの」

アイヌ語辞典によりますと、アイヌという音は「神に対しての人間」という意味を持ちます。その理由は、「山の神様が生み出した色々な食べ物を、私達は、探し出して手に入れる立場にある」という考え方に基づいています。

そのため、アイヌという音は、猟に関わる「成人男子・父・夫」等も表します。

もしかしたら、アイヌ民族という言葉は、アイヌの人々が、和人から「あなたは何者だ」と問われたとき「ア・イヌン（私は、神が生み出す食べ物を探す立場にあるものだ＝人間だ）」と答えたことから、生まれたのかも知れませんね。
○生きる〈生命を保つ・生活を営む：広辞苑〉という音の持つ意味
iki（働く・行動する・する）-ruwe（こと・様子）＝（イキルウエ『行動すること』）
「（生命を保つために）動いていること」
イキルという音は、イノチ（常に食べ物を探し手に入れること）と連動する言葉です。
この二つの言葉は、生命を維持するためには、常に動き回り、食べ物を探し続けなければならない。と言っています。

さらに、イキル（動いていること）という音は、息をすることや、心臓が鼓動を打つことも、示しているようにも思われます。

「寂しい」と書いて「さびしい」または「さみしい」と読む例

この言葉は、どちらも同じ意味で使用され、同じ漢字の読みを変えて表現しています。

それぞれを構成する音の意味を調べると、次のような事が分かります。

○さびしい

san（前方に広がった）-pis（浜）-si（本当に〈心からそう思っている様・程度の甚だしい様〉）-hi（のよう・様子〈状態・状況〉）＝（サンピシシヒ『前方に広がった浜本当に、のよう』）

「海が前方に広がってがらんとした浜だと、心からそう思っている様のよう」

○さみしい

san（前方に広がった）-muy（浜・湾）-si（本当に〈心からそう思っている様・程度の甚だしい〉）-hi（のよう・様子〈状態・状況〉）＝（サンムイシヒ『前方に広がった浜本当に、のよう』）

「海が前方に広がってがらんとした浜だと、心からそう思っている様のよう」

この言葉の違いは、「浜」を意味する音に「pis」を使うか「muy」を使うかで生まれました。どちらの音を使用するかは、地域性の様なものがあるのでしょう。

「あやす」と「怪しい」

○ay-ay（赤子）-suye（揺する）＝（アヤスイエ『赤子、揺する』）

「赤ちゃんを揺すって、泣き止ませること」

赤ちゃんをあやすという行為は、まさにその言葉の示すとおりの行為です。

また「怪しい」は、ay-ay（赤子）-suye（揺する）-hi（事・のよう・様子）＝（アヤスイエヒ『赤子、揺する様子』）で「赤子を揺するようなこと〈だましているのでは〉」という意味を持って生まれた言葉のようで、思わず「なるほど！」と、思ってしまいました。

ちなみに、ay-ay（アヤイ『赤子』）という言葉は、赤ちゃんが、まだ、言葉をしっかり発することができない頃、ただただアイ・アイと発声することから「アイアイと発声するもの」というとらえ方から生まれた言葉のように思われます。

また、ヤヤ・ヤヤコ（赤子）は、ay-ay（アイアイ）から「アヤイ」、そして、語頭のアが消えて「ヤイア」となり、最終的に「ヤヤ」へと変化した音だと思われます。

イッペエイクカ（酒を飲むか）

この音は、現在では「いっぺえやっか」「いっぱいいくか」とか「いっぱいやるか」と言うように、音が変化しています。

この言葉の本来の音とその味は、次のようになります。

ipe（食事をする・食べる）-e（それで・そこで）-iku（酒を飲む）-ka（〜よ）＝（イペエイクカ『食事をする、そこで酒を飲むよ』）

「何かつまみながら酒を飲もうよ」

本来の意味は「一杯飲むか」ではなく「つまみながら酒を飲もう」という意味でした。

アイヌ語でikuは「酒を飲む」と言う意味です。もしかしたら、宴会で盛り上がると始まる「イッキ！イッキ！」は「iku（酒を飲む）-y（者）」かもしれません。

おわりに

ここまでご覧になって、どんな感想を持たれたでしょうか。

当たり前と言えば当たり前なのですが、言葉は、意味を持って生まれました。

ただ、私達は、言い伝えられている意味は把握できても、言葉ができた頃に持っていた本来の意味は、はっきりとは分からない状況になっています。

言葉は、意味を持った一つ一つの音が、繋がることでできあがっています。そのような認識が、現代に生きる私達は、極めて薄くなってしまいました。

言葉の本来の意味を知るためには、言葉を構成する音とその意味を、探り出す必要があります。そこで役だったのが、驚くことにアイヌ語でした。

アイヌ語の中には、最初に取り上げましたように、私達の言葉と全く同じ音や、ほとんど同じ音のものが複数あります。

そのことから、アイヌ語辞典にある言葉を説明する音や、アイヌ語地名を説明する音は、私達の言葉を構成する音でもあるのではないか。という可能性を見いだしました。

そこで、その音の意味を、私達の言葉にも当てはめるという作業を、私は、徹底して繰り返してきました。

基本的な作業は、言葉を、それを構成する音の並びに分解し、その音一つ一つがもつ意味を確認した上で、再びつなぎ合わせるというものです。

このような作業が可能だということは、アイヌと呼ばれる人々は、私達と同じ祖先から別れた人々だ。ということを、物語っているように見えます。

私が、ここまで調べてきた範囲は、地名・植物・動物・道具・身近にある物・天気・季節・身体の部分等の名称、及び、形容詞・動詞・感動詞・副詞等あらゆる分野に渡ります。

その作業をとおして、私達の言葉が、元々どんな意味を持って生まれたのかが、分かるようになりました。言葉を構成する音の並びが、その意味を表しています。

このように、かなりの資料を蓄えることができましたので、できれば、今後も、その中から、皆さんに紹介できたらと思っています。

もちろん、ここで述べてきたことが、全て、私が説明した通りだとは思っていません。今後も、修正される部分が多いことでしょうし、そうでなければならないとも思います。この分野での研究者が、今後、続々と出て来ることに期待します。

最後に、私が行ったことで重要な事は、言葉の意味を、それを構成する音の並びから探究する。という、今までほとんど開いていなかった分野の扉を、確かに開けた。ということです。

現在、私は、「ペアーレ大仙」という場所で「言葉の考古楽」という講座を持っています。

そこで、色々な言葉のもつ意味を紹介しています。
これからも、この研究を継続する事で、言葉が生まれた時に持っていた意味を、より確かなものにしていきたい。と思っています。

著者　金子 俊隆

参考文献

○「萱野茂のアイヌ語辞典」〈増補版〉〈三省堂〉

○「秋田のことば」〈秋田県教育委員会〉〈無明舎出版〉

○「角川日本地名大辞典」５秋田県　２００９年８月25日発行　編者　角川日本地名大辞典編纂委員会　発行者　青木誠一郎　発行所　株式会社角川学芸出版

○「広辞苑」〈岩波書店〉

○「木境大物忌神社の虫除け祭り」〈平成11年３月　秋田県矢島町教育委員会〉

○秋田県文化財報告書第３２５集　秋田県指定無形民俗文化財「松館天満宮三台山獅子　大権現舞」〈文化財収録作成調査報告＝秋田県教育委員会〉

○「秋田県の民俗芸能」〈秋田県民俗芸能緊急調査報告書＝秋田県教育委員会〉

○「秋田の史跡・考古」〈秋田県教育委員会編〉カッパンプラン歴史文庫

○「西木村郷土史〈民族編〉」西木村郷土史編纂委員会〈平成12年３月15日発行〉

○「アイヌ民族・歴史と現在」〈財団法人アイヌ文化振興・研究推進機構〉

○「カムイの言霊」チカップ美恵子　現代書館〈２０１０年１月30日発行〉

○「アイヌ文化の基礎知識」１９９３年　初版発行　監修　財団法人アイヌ民族博物館　印刷　創栄図書印刷

○「アイヌの人たちとともに」その歴史と文化　編集・発行　公益財団法人アイヌ文化振興・研究推進機構

○「アイヌプリ」　アイヌの心をつなぐ　平成24年10月30日発行

○「エミシ・エゾからアイヌへ」児島恭子　吉川弘文館〈２００９年６月１日発行〉

○『マタギを生業にした人』野添憲治著　社会評論社

○「秋田マタギ聞書」武藤鉄城著　慶友社

○「マタギ」太田雄治著　慶友社

○「マタギ　矛盾なき労働と食文化」田中康弘　枻出版社

○「最後の狩人たち」長田雅彦　無明舎出版

○市民の考古学７「日本列島の三つの文化」藤本強　同成社〈２００９年８月５日発行〉

○「民俗・地名そして日本」谷川健一　同成社〈１９８９年８月25日発行〉

○「カミの発生〈日本文化と信仰〉」萩原秀三郎　大和書房〈２００８年２月25日発行〉

○「日本文化の多様性〈稲作以前を再考する〉」佐々木高明　小学館〈２００９年11月17日発行〉

○「消された王権　物部氏の謎」〈オニの系譜から解く古代史〉関裕二　ＰＨＰ研究所〈１９９８年１月26日発行〉

○「日本人の苗字とその起源」宮内則雄　批評社〈２０１１年１月25日発行〉

○「東北・アイヌ語地名の研究」山田秀三　草風館（平成5年8月3日発行）

○「北海道の地名」アイヌ語地名の研究別巻　平成12年4月10日発行　著者　山田秀三　発行者　内川千裕　発行所　草風館

○「アイヌ語地名を歩く」山田秀三の地名研究から　2006年9月2日発行　編集・発行　北海道アイヌ民族文化研究センター　発行所　草風館　編集・発行　公益財団法人アイヌ文化振興・研究推進機構

○「菅江真澄が見たアイヌ文化」菊池勇夫　株式会社御茶の水書房（2010年11月30日発行）

○「菅江真澄とアイヌ」境比呂志著　三一書房

○「蝦夷の名の多くはアイヌ語系か」日本書紀「續日本書紀」七、八世紀の蝦夷の名　2015年4月10日発行　著者　赤石博志　発行者　林下英二　発行所　中西出版株式会社

○「農を支えて〈農具の変遷〉」渡部景俊　秋田協同印刷株式会社　1999年11月20日発行

○「希望Ⅲ　田沢湖のむかしばなし〈鳩留尊仏菩薩縁起より〉」まつださちこ　2007年3月21日発行　イズミヤ出版

○「沖縄奄美の民間信仰」発行所　明玄書房

著者略歴

金子 俊隆（かねこ・としたか）

昭和29年4月29日生まれ。

秋田県立能代高等学校を卒業後、明治大学文学部史学地理学科で日本史を専攻。

卒業後、玉川大学で小学校の教員免許を取得し、秋田県で小学校教諭となる。

仙北市立白岩小学校長として平成27年3月退職。

秋田県教育庁生涯学習課文化財保護室で、有形文化財・無形文化財・民俗文化財を3年間担当。

秋田の言葉や地名及び名字の発祥当時の意味について研究を進めている。

現在、仙北市角館町在住。

主な著書
『あきた地名古代探訪』（無明舎出版）

『あきた方言古代探訪』（無明舎出版）

ことばの古代探訪―アイヌ語と秋田弁から

定価一七六〇円〔本体一六〇〇円＋税〕

二〇二四年二月二十日　初版発行

著　者　金子俊隆
発行者　安倍　甲
発行所　㈲無明舎出版
秋田市広面字川崎一一二―一
電　話／（〇一八）八三二―五六八〇
ＦＡＸ／（〇一八）八三二―五一三七
製　版　㈲三浦印刷
印刷・製本　㈱シナノ

ISBN 978-4-89544-688-4